suhrkamp taschenbuch 4106

Man wird wohl schwerlich einen deutschen Schriftsteller des 20. Jahrhunderts finden, der sich so für China interessiert und auf vergleichbare Weise für die klassische Literatur dieses Landes eingesetzt hat wie Hermann Hesse. Keiner hat ähnlich beharrlich, mehr als 50 Jahre lang betont, daß wir diese Kultur »studieren müssen wie einen gleichwertigen Mitbewerber, der uns je nachdem Freund oder Feind werden, jedenfalls aber unendlich nützen oder schaden kann«. Denn die Chinesen waren für ihn »ein Volk, das nicht rückwärts, sondern in eine tätige Zukunft blickt«. Und es gibt auch keinen deutschen Dichter, der so viel chinesisches Gedankengut in seine Schriften einbezogen hat. So durchziehen chinesische Motive, Einflüsse des Taoismus, des Konfuzianismus und des chinesischen Zen sein komplettes Werk, von Gedichten über Märchen und Erzählungen, Betrachtungen und Lektüreempfehlungen bis hinein in seinen großen Roman *Das Glasperlenspiel*.

Hermann Hesse, am 2. Juli 1877 in Calw geboren, starb am 9. August 1962 in Montagnola bei Lugano. 1946 erhielt er den Nobelpreis für Literatur.

Hermann Hesse
China

Weisheit des Ostens

Herausgegeben von
Volker Michels

Suhrkamp

3. Auflage 2017

Erste Auflage 2009
suhrkamp taschenbuch 4106
© Suhrkamp Verlag Frankfurt am Main 2009
Suhrkamp Taschenbuch Verlag
Alle Rechte vorbehalten, insbesondere das
der Übersetzung, des öffentlichen Vortrags sowie der Übertragung
durch Rundfunk und Fernsehen, auch einzelner Teile.
Kein Teil des Werkes darf in irgendeiner Form
(durch Fotografie, Mikrofilm oder andere Verfahren)
ohne schriftliche Genehmigung des Verlages reproduziert
oder unter Verwendung elektronischer Systeme
verarbeitet, vervielfältigt oder verbreitet werden.
Satz: Hümmer GmbH, Waldbüttelbrunn
Druck: Druckhaus Nomos, Sinzheim
Printed in Germany
Umschlag: Göllner, Michels, Zegarzewski
ISBN 978-3-518-46106-8

China
Weisheit des Ostens

Inhalt

Erinnerung an Lektüre

Vorwort

Man wird wohl schwerlich einen deutschen Schriftsteller des 20. Jahrhunderts finden, der sich so für China interessiert und auf vergleichbare Weise für die klassische Literatur dieses Landes eingesetzt hat wie Hermann Hesse. Keiner hat ähnlich beharrlich, mehr als 50 Jahre lang betont, daß wir diese Kultur »studieren müssen wie einen gleichwertigen Mitbewerber, der uns je nachdem Freund oder Feind werden, jedenfalls aber unendlich nützen oder schaden kann«. Denn die Chinesen waren für ihn »ein Volk, das nicht rückwärts, sondern in eine tätige Zukunft blickt«. Und es gibt auch keinen deutschen Dichter, der so viel chinesisches Gedankengut in seine Schriften einbezogen hat, so daß er am Ende seines Lebens resümieren konnte: »Das alte Liederbuch (*Schi-King*),[1] das Buch der Wandlungen *I Ging*, die Schriften von und über Konfuzius und Lao Tse bis Dschuang Dse gehören ebenso wie Homer und Aristoteles zu meinen Erziehern, sie haben mich und meine Vorstellungen vom guten, weisen, vollkommenen Menschen formen helfen.« Wie ist es zu dieser Aufgeschlossenheit gekommen?

Ein Volk, in dessen Sprache das Wort Krise dasselbe bedeutet wie Chance, mußte einen Autor interessieren, der weithin als Dichter der Krisis verstanden wird und der – ganz wie China im Lauf der Geschichte – aus jeder Gefah-

---

1 Die Schreibweise chinesischer Namen und Titel variiert in den deutschen Übersetzungen der Vergangenheit erheblich. Da Hesse sie in seinen Texten übernimmt, wurden sie dort und in diesem Vorwort aus bibliographischen Gründen so belassen. Die derzeit gültige Schreibweise im *Hanyu pinyin* lautet für Schi-King: *Shijin*, für I Ging: *Yijing*, für Konfuzius (Kung Fu Tse): *Kongzi*, für Lao Tse: *Laozi*, für Dschuang Dse (Tschuang Tse): *Zhuangzi*, für Lun Yü: *Lunyu*, für Taoteking (Tao Te King). *Daode jin*, für Liä Dsi: *Liezi*, für Li Tai Po: *Li Bai*, für Thu Fu (Tu Fu): *Du Fu*.

renzone verändert und verjüngt hervorgegangen ist, weshalb er immer wieder neue Lesergenerationen zu erreichen vermag. Darauf zielt u. a. auch der Untertitel der amerikanischen Hesse-Biographie »Autor der Krisis« von Ralph Freedman, womit auf eine Disposition für Wandlungen und Entwicklungen hingewiesen wird, die Hesses Verleger Peter Suhrkamp einmal so beschrieben hat: »Es gibt kaum einen Autor, der so oft seinen eigenen Leichnam hinter sich begrub und jedes mal auf einer anderen Stufe wieder neu anfing. Und jedes mal geschah das aus einer wirklichen und ehrlichen Not heraus.« An Anlässen dazu hat es wahrhaftig nicht gefehlt im Verlauf des kriegerischen 20. Jahrhunderts.

Aufgewachsen im Zeitalter des Imperialismus, in welchem sich das wilhelminische Deutschland als letzte europäische Macht einen »Platz an der Sonne« zu sichern suchte und sich damit gleichfalls an der kolonialen Unterwerfung der außereuropäischen Welt beteiligte, kam Hermann Hesse schon als Kind in Berührung mit den Opfern dieses Expansionsdranges. War doch auf die Besitznahme der Gebiete in Übersee fast immer auch die weltanschauliche und religiöse Freiheitsberaubung seitens der christlichen Missionare gefolgt. Zu ihnen gehörten die Großeltern und Eltern des Dichters, welche im englischen Kolonialgebiet Indiens ihre »Heidenmission« betrieben. Sein Vater Johannes Hesse (1847-1916) war, weil er das tropische Klima nicht mehr vertrug, 1873 von dort nach Europa zurückgekehrt, um im württembergischen Calw, einem Zentrum des schwäbischen Pietismus, seine Arbeit im damals größten evangelischen Missionsverlag auf publizistische Weise fortzusetzen. Hier lernte er auch seine künftige Frau, die Missionarswitwe Marie Isenberg (1842-1902) kennen, Tochter des berühmten Missionars und Sprachforschers Dr. Hermann Gundert (1814-1893), der nach seiner Rückkehr aus Indien den Missionsverlag leitete. Hermann war der erste und begabteste Sohn aus Maries zweiter Ehe mit Johannes Hesse und dazu bestimmt, die sendungsbewußte Familientradition auch in Zukunft aufrechtzuerhalten. Aber es kam anders.

Schon im Alter von 14 Jahren floh er aus dem theologischen Seminar, das ihn auf diese Laufbahn vorbereiten sollte. Und lebenslang galt seine Sympathie besonders jenen, welchen wie ihm die Selbstbestimmung verweigert wurde, darunter auch den »bekehrten Heiden« aus aller Herren Länder, die in seinem Elternhaus ein- und ausgingen.

Kein Wunder also, daß es zunächst die Inder waren, deren Weltbild den jungen Hermann Hesse beschäftigte, nachdem ihm der Erfolg seiner ersten Romane *Peter Camenzind* und *Unterm Rad* so viel Unabhängigkeit verschafft hatte, daß er schließlich doch noch seinen Traum verwirklichen und ein Leben als freier Schriftsteller beginnen konnte. Im Alter von etwa 27 Jahren, so berichtet Hesse in seinem Rückblick »Über mein Verhältnis zum geistigen Indien und China«, als er begann, sich mit Schopenhauer zu beschäftigen, sei er auf das indische Nationalepos *Bhagavadgita* gestoßen. Mit der Lektüre dieses philosophischen Lehrgedichtes habe sein Studium der Quellenwerke indischer Überlieferung eingesetzt.

Doch schon kurz darauf erwachte auch sein Interesse für chinesische Kultur und Dichtung. Ab 1910 gab der Verlag Eugen Diederichs in seiner Reihe »Religion und Philosophie Chinas« deutsche Übertragungen chinesischer Klassiker aus der Originalsprache heraus. Übersetzt waren sie von Richard Wilhelm (1873-1930), einem schwäbischen Theologen, der als Missionar ins deutsche »Schutzgebiet Kiautschou« entsandt worden war und in der »Musterkolonie« Tsingtau lebte. Er interessierte sich bald mehr für das Weltbild der Chinesen als für deren Bekehrung und religiöse Vereinnahmung durch das evangelische Christentum. Gleich auf sein erstes bei Diederichs vorgelegtes Werk mit den Gesprächen des Konfuzius (552-479 v. Chr.) hat Hesse hingewiesen in einer seiner mehr als dreitausend Rezensionen, in welchen er sich seit der Jahrhundertwende für die wichtigsten Neuerscheinungen auf dem deutschen Buchmarkt engagierte.

In einer Zeit, als hierzulande noch das Feindbild von der »gelben Gefahr« an der Tagesordnung war, womit man sich gegen das Unbekannte und deshalb bedrohlich Erscheinende abzuschotten suchte, plädierte Hesse dafür, das uns Befremdliche an der konfuzianischen Pädagogik und Systematik nicht zu ignorieren, sondern es eher als Bereicherung unserer westlichen Denkgewohnheiten wahrzunehmen. Denn abendländisches und fernöstliches Denken waren für ihn Pole einer Einheit, die sich nicht ausschließen, sondern ergänzen. »Das nötigt uns«, schrieb er 1910 in seiner Empfehlung des *Lun Yü* (Gespräche des Konfuzius), »unsere eigene individualistische Kultur auch einmal nicht als selbstverständlich, sondern im Vergleich mit ihrem Widerspiel zu betrachten.«
    Noch im selben Jahr kam das andere Hauptwerk der chinesischen Klassik auf den deutschen Markt, das *Taoteking* des Lao Tse (ca. 600 v. Chr.), übersetzt durch den Tübinger Alttestamentler und Orientalisten Julius Grill. Ihm folgte 1911 die Übertragung von Richard Wilhelm, beide aus der Ursprache verdeutscht in sprachlich unterschiedlichen Versionen. Auch sie hat Hesse (in der »Münchner Zeitung« vom 24. 5. 1911) empfohlen und miteinander verglichen, wobei er als Dichter die sprachlich originellere bevorzugte: »Beide sind gründliche und schöne Arbeiten. Mag die Grill'sche Ausgabe mit ihrem reichen Kommentar die wissenschaftlich brauchbarere sein, so zeichnet sich dafür die von Wilhelm durch eine kräftigere, bestimmtere, persönlichere Sprache und damit auch durch eine leich-

tere Zugänglichkeit aus.« Aber wichtiger als das Formale waren ihm die lyrische Aussage und der Humor dieses Werkes, dessen scheinbar schlichte Verse und paradox anmutende Parabeln Lebenswahrheiten enthalten, die sich weniger dem kausalen Denken als dem intuitiven Gefühl erschließen. Für Hesse hob es sich wohltuend ab gegen die kalte Logik und die Spitzfindigkeiten westlicher Philosophie. Verglichen mit »den Seitensprüngen abendländischer Denkakrobatik«, schrieb er in seiner ersten Empfehlung des Lao Tse, dieses naturverbunden-lebensfrohen Weisen aus Chinas Süden, »kann man den Eindruck gewinnen, dieser uralte Chinese habe die elementaren Werte besser erkannt und habe größer und zweckmäßiger an der Entwicklung der Menschheit gearbeitet, als so viele instinktverlassene Abendländer in ihrer anarchischen Spezialistenphilosophie.«

Noch im selben Jahr unternahm er die weiteste Reise seines Lebens in den damals als »Hinterindien« bezeichneten Archipel im südlichen Golf von Bengalen. Hans Sturzenegger, ein Schweizer Malerfreund aus Schaffhausen, der seinen Bruder in Singapur besuchen wollte, hatte Hesse eingeladen, ihn auf seiner Fahrt zu begleiten. Da dieser immer schon mit dem Gedanken an solch eine Morgenlandfahrt gespielt hatte, um das Missionsgebiet seiner Eltern und Großeltern kennenzulernen und die indische Westküste zu bereisen, wo seine Mutter geboren worden war, fiel ihm der Entschluß nicht schwer. Zwar mußte er seinen Plan, auf der Rückfahrt auch den indischen Subkontinent zu besuchen, wegen gesundheitlicher Beschwerden aufgeben. Doch sah er im Verlauf dieser dreimonatigen Exkursion (mit längeren Aufenthalten in Sri Lanka, Sumatra und Malaysia), was ihn vor allem interessierte: in welchen Formen die hinduistischen und buddhistischen Traditionen das dortige Leben bestimmten und ob sie sich gegen die Einflüsse der westlichen Kolonialmächte zu behaupten vermochten.

Das Ergebnis war eher ernüchternd. Die Mehrheit der Einheimischen erlebte Hesse mit Zorn auf die kurzsichtige Ausbeutung durch die holländischen Kolonialherren als »arme Reste einer alten Paradies-Menschheit, die vom Westen korrumpiert und gefressen wird, liebe, gutartige, geschickte und begabte Naturvölker, denen unsre Kultur den Garaus macht ... Ich sah und sprach auch viele Kaufleute, Techniker etc. aus aller Welt und sah viel vom großen Handel. Es wird eine Menge guter wertvoller hiesiger Produkte ausgeführt, eingeführt wird aus Europa und Amerika vorwiegend Schund. Die Malaien und Inder fallen darauf herein, die Chinesen nicht.« Und kaum anders als bei uns im sogenannten christlichen Abendland schien ihm das Eigentliche der dortigen Spiritualität nur noch in Spurenelementen vorhanden. Sowohl in den Heiligtümern der Brahmanen, den hinduistischen Göttertempeln wie auch in den buddhistischen Wallfahrtsorten Ceylons blieb ihm die »scheußliche Erfahrung« nicht erspart, »daß der seelenvolle Beterblick der meisten Inder gar nicht Ruf nach Göttern und Erlösung ist, sondern einfach der Ruf nach money.«

Ganz anders dagegen war der Eindruck, den er bei seinen Aufenthalten in Penang und Singapur von den Chinesen gewann. Er sei in die Tropen gereist, berichtet er wenige Wochen nach seiner Rückkehr in einem launigen Brief dem Schriftstellerfreund Ludwig Thoma, »um den Urwald anzusehen, Krokodile zu streicheln und Schmetterlinge zu fangen, und fand ganz nebenbei und ungesucht etwas viel Schöneres: die Chinesenstädte von Hinterindien und das chinesische Volk, das erste wirkliche Kulturvolk, das ich sah.« Kein Wunder, denn hier begegnete er einer Zivilisation, in der seit jeher die schriftliche Überlieferung dominiert hatte, wo schon 400 Jahre vor Johannes Gutenberg der Buchdruck mit beweglichen Lettern erfunden wurde, einer Kultur, in welcher die Philosophie, die Malerei und in der Literatur die Poesie das höchste Ansehen genossen und Zivilisation (chinesisch: *Wenhua*) zu übersetzen ist mit »der verändernde Einfluß durch die Schrift.«

Obwohl Singapur, das bedeutendste Verkehrs- und Handelszentrum Ostasiens, nicht zu China, sondern von 1867 bis 1941 zur britischen Kronkolonie Straits Settlements gehörte (und heute ein autonomer Stadtstaat ist), bestand damals wie heute der größte Teil seiner Bewohner aus eingewanderten Chinesen. Hier also erlebte Hesse zum ersten Mal, was deren Stärke ausmacht. Er sah »die Einheit eines Volkswesens so absolut herrschen, daß alle Einzelerscheinungen darin ganz und gar untergehen«, und sah »wie sich eine Vielzahl von Menschen durch Rasse, Glaube, seelische Verwandtschaft und Gleichheit der Lebensideale zu einem Körper zusammenballt, in dem der Einzelne nur bedingt und als Zelle mitlebt, wie die einzelne Biene in einem Bienenstaat.« Das zeigte sich ihm auch »in der Einheitlichkeit und Abgestimmtheit ihrer Architektur« und ihrem familiären Zusammenhalt, einer Lebensweise nach der konfuzianischen Vorstellung, daß der Staat eine Familie im Großen darstellen müsse. Denn für Konfuzius, den praxisorientierten Philosophen aus Chinas Norden, ist soziale Harmonie nur durch eine hierarchische Ordnung menschlicher Beziehungen denkbar, in der jeder seinen Platz in der Gesellschaft akzeptiert und die Verhaltensformen zwischen Herrschenden und Untertanen, Vorgesetzten und Untergebenen, aber auch zwischen Vätern und Söhnen, Männern und Frauen geregelt sind und gleichwohl Treue gegen sich selbst und Güte gegen andere als oberstes Gebot gelten.

Mit erstaunlichem unternehmerischem Geschick hatten diese Auslandschinesen Singapur zum drittgrößten Hafen der Welt ausgebaut, zu einem Umschlagplatz, wo mittlerweile fast 80 Prozent des malayischen und indonesischen Im- und Exporthandels abgewickelt werden. Für Hesse waren es ihr »stiller und zäher Fleiß« und ihr ungewöhnliches Organisationstalent, was sie im Gegensatz zu den Malaien, Tamilen und anderen Ethnien resistenter gegen die Einflüsse der Kolonialherren machte. Hinzu kam ihre Fähigkeit, nicht nur im wirtschaftlichen, sondern auch im religiösen Bereich alles Fremde zu assimilieren. Das zeigte sich in der friedlichen Koexistenz des von Indien nach China gelangten Buddhismus mit dem einheimischen Konfuzianismus, der bekanntlich keine Religion, sondern eine säkulare Ethiklehre ist. In den Volksreligionen verschmolzen taoistische und buddhistische Elemente mit älteren animistischen und schamanistischen Glaubensformen. Diese Toleranz gegenüber den unterschiedlichsten Glaubensrichtungen erlaubte es, daß im Verlauf der Geschichte manche der chinesischen Kaiser Buddhisten waren, obwohl der Konfuzianismus seit zweitausend Jahren fast ununterbrochen als offizielle Staatsdoktrin galt.

1928 in seinem berühmt gewordenen Essay »Eine Bibliothek der Weltliteratur« hat Hesse die indische mit der chinesischen Spiritualität verglichen und auf ihre gleichberechtigte Bedeutung für die unterschiedlichen Lebensalter hingewiesen: »Was den Indern gefehlt hatte, die Lebensnähe, die Harmonie einer edlen, zu den höchsten sittlichen Forderungen entschlossenen Geistigkeit mit dem Spiel und Reiz des sinnlichen und alltäglichen Lebens – das weite Hin und Her zwischen hoher Vergeistigung und naivem Lebensbehagen, das alles war hier in Fülle vorhanden. Wenn Indien in der Askese und im mönchischen Weltentsagen Hohes und Rührendes erreicht hatte, so hatte das alte China nicht minder Wunderbares erreicht in der Zucht einer Geistigkeit, für welche Natur und Geist, Religion und Alltag nicht feindliche, sondern freundliche Gegensätze bedeuten und beide zu ihrem Recht kommen. War die indisch-asketische Weisheit jugendlich-puritanisch in der Radikalität ihres Forderns, so war die Weisheit Chinas die eines erfahrenen, klug gewordenen, des Humors nicht unkundigen Mannes, den die Erfahrung nicht enttäuscht, den die Klugheit nicht frivol gemacht hat.«

Den Weg von indischer zu chinesischer Lebenspraxis, von jugendlichem Aufbegehren zum Augenmaß taoistischer Besonnenheit, zeigt auch die Entwicklungsgeschichte in Hesses Buddhalegende *Siddhartha*. Sie freilich war vor allem eine seiner Antworten auf den Aktionismus der westlichen Industrienationen, deren technische Errungenschaften sich von 1914 bis 1918 in einem Krieg entluden, dem mehr als 17 Millionen Menschen zum Opfer fielen. Zunächst hatte Hesse auf dieses Debakel mit praktischer Sozialarbeit reagiert, gab es doch noch nie zuvor in der Menschheitsgeschichte so viele in Gefangenschaft geratene Soldaten wie damals. Um deren Not zu lindern, baute er 1915 in Bern eine Zentrale für deutsche Kriegsgefangenenfürsorge auf, welche bis 1919 Hunderttausende seiner Landsleute, die in feindlichen Lagern interniert waren, mit Hilfsmitteln jeder Art und guter Lektüre versorgte, eine Aufklärungsarbeit, die er nach Kriegsende auf journalistische Weise mit seiner Zeitschrift »Vivos voco« fortsetzte. Als langfristiger wirksam jedoch erwies sich sein *Siddhartha*, weil er dem Vertrauensverlust der christlichen Kirchen, die sich durch ihren Waffensegen kompromittiert hatten, eine humanere Alternative entgegenzusetzen vermochte. Denn in dieser Erzählung fand man gestaltet, was Hesse 1919 in der »Neuen Zürcher Zeitung« geschrieben hatte: »Die Weisheit, die uns nottut, steht bei Lao Tse und sie ins Europäische zu übersetzen, ist die einzige geistige Aufgabe, die wir zur Zeit haben.«

Erkenntnisse des *Liä Dsi* (350 n. Chr.) wie: »Ehe nicht das Äußerste erreicht ist, kehrt sich nichts ins Gegenteil«, finden wir im Werdegang von Hesses Siddhartha in unvergeßliche Bilder gebracht, sei es in der Darstellung seiner Emanzipation aus der Bevormundung des Vaters, seiner

Sinnsuche durch asketische Selbstkasteiung, seiner Lösung von der bewunderten Idealgestalt des Gotama, seiner bis zur Übersättigung ausgelebten Kaufmannskarriere und Hingabe an die Sinnenfreuden und zuletzt der vergeblichen Anstrengung, seinem Sohn eben jene Rückschläge ersparen zu wollen, denen er seine eigene Entwicklung verdankte, bis er endlich bei einem an Lao Tse erinnernden Fährmann durch ein bescheidenes Leben im Einklang mit der Natur und im Dienst an den Mitmenschen sein Glück findet. Nach leidvoll eigener Erfahrung ist es Hesse hier tatsächlich geglückt, abendländischen Lesern den 36. Spruch des *Tao Te King* nachvollziehbar zu machen: »Was man zusammenziehen will, muß man erst sich richtig ausdehnen lassen. / Was man schwächen will, das muß man erst richtig stark werden lassen. / Was man beseitigen will, das muß man erst sich richtig ausleben lassen.« Und auch den 78. Spruch des Lao Tse: »Das Schwache besiegt das Starke, das Weiche das Harte. Jeder weiß es und keiner vermag danach zu handeln.« Mit Hesses Worten in poetischer Analogie: »Weich ist stärker als hart, Wasser stärker als Fels, Liebe stärker als Gewalt.«

Siddhartha ist nicht die einzige Erzählung, in welcher Hesse Asiatisches aufgegriffen und für westliche Leser zum Leben erweckt hat. Das Spektrum chinesischer Motive bei ihm ist vielfältig und reicht von seinen frühen Märchen wie »Der Dichter« und »Flötentraum« (1913) zu Parabeln wie »Der Europäer« (1917) und »König Yu« (1929), von der Wahlverwandtschaft mit den Dichtern Dschuang Dse, Li Tai Po und Thu Fu in der »Klingsor«-Novelle zu den *I Ging*- Studien Josef Knechts im *Glasperlenspiel*, von den chan-(zen-)buddhistischen Gedichten und Betrachtungen aus Hesses letzten Lebensjahren schließlich zu der unter chinesischem Pseudonym (Meng Hsiä = Traum-Schreiber) veröffentlichten »Chinesischen Legende« (1959).

Auch eine der eindrucksvollsten Passagen in Hesses autobiographischen Schriften geht auf chinesische Quellen zurück. Sie findet sich in seinem 1921-1924 entstandenen »Kurzgefaßten Lebenslauf«, einem hintergründigen Selbstportrait des 45jährigen, das mit einer sublimen Vision seines Lebensendes ausklingt: »Im Alter von mehr als siebzig Jahren wurde ich, nachdem eben erst zwei Universitäten mich durch die Verleihung der Würde eines Ehrendoktors ausgezeichnet hatten, wegen Verführung eines jungen Mädchens durch Zauberei vor die Gerichte gebracht. Im Gefängnis bat ich um die Erlaubnis, mich mit Malerei zu beschäftigen. Es wurde mir bewilligt. Freunde brachten mir Farben und Malzeug, und ich malte an die Wand eine kleine Landschaft ... Sie enthielt fast alles, woran ich im Leben Freude gehabt hatte, Flüsse und Gebirge, Meer und Wolken ... In der Mitte des Bildes aber fuhr eine ganz kleine Eisenbahn. Sie fuhr auf einen Berg los und stak mit dem Kopf schon im Berge drin wie ein Wurm im Apfel, die Lokomotive war schon in einen kleinen Tunnel eingefahren, aus dessen dunkler Rundung flockiger Rauch herauskam ... Indessen gab die sogenannte Wirklichkeit, mit welcher ich in der Tat nun ganz zerfallen war, sich alle Mühe, meinen Traum zu höhnen und immer wieder zu zerstören. Fast jeden Tag holte man mich, führte mich unter Bewachung in äußerst unsympathische Räumlichkeiten, wo inmitten von vielem Papier unsympathische Menschen saßen, die mich ausfragten, mir nicht glauben wollten, mich anschnauzten, mich bald wie ein dreijähriges Kind, bald wie einen abgefeimten Verbrecher behandelten ... Man braucht nicht Angeklagter zu sein, um diese merkwürdige und wahrhaft höllische Welt der Kanzleien, des Papiers und der Akten kennenzulernen. Du brauchst nur umziehen oder heiraten wollen, einen Paß oder Heimatschein begehren, so stehst du schon mitten in dieser Hölle ... wirst von gelangweilten und dennoch hastigen, unfrohen Menschen ausgefragt, angeschnauzt, findest für die einfachsten und wahrsten Aussagen nichts als Unglauben … Nun, jeder kennt dies ja. Längst wäre ich in der Papierhölle erstickt und verdorrt, hätten nicht meine Farben mich immer wieder getröstet und vergnügt, hätte nicht mein Bild, eine kleine schöne Landschaft, mir wieder Luft und Leben gegeben … Es schien mir jetzt an der Zeit, der Qual ein Ende zu machen. Wenn es mir nicht erlaubt war, ungestört meine unschuldigen Künstlerspiele zu spielen, so mußte ich mich eben jener ernsteren Künste bedienen, welchen ich so manches Jahr meines Lebens gewidmet hatte. Ohne Magie war diese Welt nicht zu ertragen.

Ich erinnerte mich der chinesischen Vorschrift, stand eine Minute lang mit angehaltenem Atem und löste mich vom Wahn der Wirklichkeit. Freundlich bat ich dann die Wärter, sie möchten noch einen Augenblick Geduld haben, da ich in meinem Bilde in den Eisenbahnzug steigen und etwas nachsehen müsse. Sie lachten auf die gewohnte Art, denn sie hielten mich für geistig gestört.

Da machte ich mich klein und ging in mein Bild hinein, stieg in die kleine Eisenbahn und fuhr mit der kleinen Eisenbahn in den schwarzen kleinen Tunnel hinein. Eine Weile sah man noch den flockigen Rauch aus dem runden Loche kommen, dann verzog sich der Rauch und verflüchtigte sich und mit ihm das ganze Bild und mit ihm ich.

In großer Verlegenheit blieben die Wärter zurück.«

Der Zauberei seiner Dichtung, womit er das Mädchen verführt und die den Erzähler ins Gefängnis gebracht hatte, entspricht diejenige seiner Malerei, mit der er sich aus der Gefangenschaft wieder zu befreien vermochte. Es ist die weiße Magie der Kunst, eine der wirkungsvollsten Waffen, womit die »Infamitäten des Lebens«, also die Zumutungen der sogenannten Wirklichkeit, besiegt werden können.

Adrian Hsia, ein an der kanadischen McGill-Universität lehrender Chinese, hat über die Herkunft dieser Motive und vieler anderer sinologischer Elemente in Hesses

Werken ein aufschlußreiches Buch verfaßt, ein 400seitiges Werk (*Hermann Hesse und China*), das seit 2002 in aktualisierter und erweiterter Fassung als Taschenbuch erhältlich ist.

Natürlich war Hermann Hesse nicht der einzige deutsche Schriftsteller, der auf das durch Richard Wilhelms Übertragungen der chinesischen Klassiker neu erwachte Interesse für diese Kultur reagiert hat. Auf ähnliche Weise haben Autoren wie Martin Buber durch seine Übertragungen der *Reden und Gleichnisse des Tschuang Tse* (1910) und der zauberhaften *Chinesischen Geister- und Liebesgeschichten* (1911) darauf angesprochen. Auch Klabund mit seinen Nachdichtungen chinesischer Lyrik und dem Bühnenspiel *Der Kreidekreis* (1925) oder Alfred Döblin in seinem Roman *Die drei Sprünge des Wang Lun* (1915) und Bertolt Brecht u. a. mit seinem Drama *Der gute Mensch von Sezuan* (1938/40) haben etwa gleichzeitig Motive aus der Kulturgeschichte Chinas in ihr Werk einbezogen. Aber kein anderer hat auf vergleichbare Weise auch in der Tagespresse dazu beigetragen, in den deutschsprachigen Ländern das Interesse für diese Kultur zu wecken, wie Hermann Hesse. Immer wieder in mehr als 35 Publikationen von 1907 bis 1961 hat er in Zeitungen und Zeitschriften für China geworben, und mit seiner Autorität als einer der beliebtesten und vertrauenswürdigsten deutschen Dichter viel dazu beigetragen, daß Richard Wilhelm, der couragierte Schrittmacher der akademischen Sinologie in Deutschland, sein Übersetzungswerk fortsetzen konnte. Denn wenn auch dessen einzigartige Bedeutung als Vermittler chinesischer Philosophie und Dichtung von den Künstlern und Intellektuellen wahrgenommen wurde, hohe Auflagen waren damit damals noch nicht zu erzielen. Kein Wunder, daß sein Verleger Eugen Diederichs mehrfach mit dem Gedanken spielte, seine Buchreihe »Die Religion und Philosophie Chinas«

einzustellen, zumal es Ende der zwanziger Jahre vorbei war mit dem weltoffenen Klima in Deutschland. Der Blickwinkel verengte sich wieder auf den nationalen Nabel, dem der Verlag u. a. mit konjunkturhörigen Publikationsserien wie »Deutsche Volkheit« und einer »Stammeskunde deutscher Landschaften« Rechnung trug.

Drei Monate bevor Richard Wilhelm starb, schrieb er an Hesse: »Für Ihre Besprechungen meiner Übersetzungen in dem Reclambändchen [*Eine Bibliothek der Weltliteratur*, 1929] und im ›Tagebuch‹ bin ich Ihnen aufrichtig dankbar. Eugen Diederichs ist nämlich, was die Vollendung der Serie anbelangt, recht mutlos geworden und drückt mich von Buch zu Buch im Honorar herunter. Da ist es dann ganz besonders erfreulich, wenn ich ihm solche Besprechungen unterbreiten kann. Sie haben mir außer der geistigen Freundschaft, für die ich Ihnen vor allem dankbar bin, auch noch einen materiellen Dienst von großem Ausmaß geleistet.«

Fünf Jahre zuvor ist Richard Wilhelm, der stolz darauf war, keinen einzigen Chinesen getauft zu haben, nach Europa zurückgekehrt, um mit unzähligen Vortragsreisen den Lebensunterhalt für seine sechsköpfige Familie aufbessern zu können. Das änderte sich 1922, als er zum wissenschaftlichen Beirat an die deutsche Gesandtschaft in Peking berufen wurde und seit 1923 an der Peking-Universität und anderen dortigen Hochschulen Vorlesungen hielt. Gleichzeitig gründete er in Peking ein »Orient-Institut« für den chinesisch-deutschen Austausch. Doch als ihm 1924 die Universität Frankfurt am Main den neu gestifteten Lehrauftrag für Sinologie anbot, nahm er an und kehrte endgültig nach Deutschland zurück. Dort gründete er im November 1925 das renommierte, der Universität angeschlossene China-Institut. In Frankfurt kam es auch zur ersten persönlichen Begegnung mit Hesse, der am 7. 12. 1926 im Festsaal des Senckenberg-Museums aus seinem *Siddhartha* vorlas. Zehn Tage darauf trafen sie sich erneut im schweizerischen Winterthur, um das Gespräch bei ihrem gemeinsamen Freund und Mäzen Georg Reinhart, einem der Kuratoren des China-Instituts, fortzusetzen. Dies waren Hesses einzige persönliche Begegnungen mit dem Mann, dem er am 4. 6. 1926 bekannt hatte: »Sie sind mir seit langem lieb und wichtig. Ich verdanke Ihnen so ziemlich alles, was ich an Beziehungen zum Chinesischen habe.«

Mit Richard Wilhelms Tod am 1. 3. 1930 legte sich denn auch für Jahrzehnte das Interesse für jenes China, das seine Übersetzungen den westlichen Industrienationen nahegebracht hatten. Das nationalsozialistische Deutschland bediente sich allenfalls jener mythologischen Elemente, die es brauchen konnte, und sorgte im übrigen dafür, daß das Frankfurter China-Institut seinen Geist aufgeben mußte.

In Hesses Alterswerk jedoch, dem 1931-1942 entstandenen Roman *Das Glasperlenspiel*, lebt das Erfahrungspotential der altchinesischen Klassik nicht nur in den Symbolen des *I Ging* (*Das Buch der Wandlungen*) wieder auf. Leitmotivisch ziehen sie sich durch das ganze Buch und münden in die hierarchische Gesellschaftsphilosophie des Konfuzianismus, die der Sinologe Jürgen Weber in seiner (noch unveröffentlichten) Hesse-Studie *Indien gesucht, China gefunden* auf überzeugende Weise nachgewiesen hat. Die Verständnisprobleme und Fehldeutungen, auf die *Das Glasperlenspiel* bei Interpreten der westlichen Länder gestoßen ist, erklärt sich Weber aus deren Unvertrautheit mit der chinesischen Geistesgeschichte. Für ihn jedoch ist »Hesses letztes großes Werk einzigartig in der Intensität, mit der darin offen auf die chinesische Philosophie Bezug genommen wird, und auch in seiner subtilen Übertragung der chinesischen Geistessphäre ins Europäische steht dieses Buch allein da. *Das Glasperlenspiel* ist bisher wohl das einzige erzählerische Werk des Westens, worin die chinesische Gedankenwelt wirklich verarbeitet wurde. Unter diesem Gesichtspunkt ist es das bemerkenswerteste und aufregendste Buch der deutschen, wenn nicht der Weltliteratur. Es ist aber kein chinesisches Buch, sondern ein durch und durch europäisches Werk, in dem die geistigen Strömungen Europas und Asiens zu einer Synthese gebracht werden.«

Schon zu dem Zeitpunkt, als Hesse sich in Singapur aufhielt, war China im Umbruch. Die Monarchie, die im »Reich der Mitte« über 3000 Jahre lang bestanden hatte, war im Oktober 1911 von Aufständischen unter der Führung des christlich getauften und als Arzt ausgebildeten Revolutionärs Sun Yatsen gestürzt und von einer Republik abgelöst worden. In dieser Aufbruchstimmung forderten die Studenten »Jung-Chinas« seit 1915 eine radikale Abkehr vom traditionellen konfuzianischen Bildungsgut. Die Mitglieder des Kaiserhauses sowie viele ihrer Beamten und Gelehrten mußten fliehen. Einige von ihnen retteten sich in das deutsche Pachtgebiet von Kiautschou, wo sie mit Richard Wilhelm eine »Konfuzius-Gesellschaft« gründeten. Der Beratung eines dieser Flüchtlinge, des gelehrten Kulturbeamten Lao Naixuan (1843-1921) verdankte Richard Wilhelm Entscheidendes bei seiner zehnjährigen Arbeit an der Übertragung und Kommentierung des *I Ging*, einem der ältesten chinesischen Orakel- und Weisheitsbücher, Summe dreitausendjähriger Erfahrungen und Erkenntnisse, das 1924 erstmals auf deutsch erschien. Dieses »Buch der Wandlungen« gehört zu den »Fünf Klassikern«, die mit den »Vier Büchern« den konfuzianischen Schriftenkanon bilden. »Man kann es benutzen«, begrüßte Hesse das Werk im September 1925 in der »Neuen Rundschau«, »um in schwierigen Lebenslagen Rat zu bekommen. Man kann es auch ›nur‹ der Weisheit wegen lieben. Es ist in diesem Buch ein System von Gleichnissen für die ganze Welt aufgebaut ... Dort steht alles, was gedacht und gelebt werden kann.« Auf Richard Wilhelms Übersetzung (650 Seiten) basieren fast alle weiteren Übertragungen, die seitdem in den USA, England, Italien, Holland, Frankreich, Schweden, Portugal, Polen, Serbien, Ungarn und in den Staaten Lateinamerikas erschienen sind. In den siebziger Jahren wurde die von C. G. Jung eingeleitete englische Fassung zu einem Kultbuch der Hippiebewegung.

1925, nach Sun Yatsens Tod, versuchte die Sowjetunion die kommunistische Machtübernahme zu beschleunigen. Sie scheiterte an Chiang Kaishek, dem es 1928 gelang, nach blutigen Bürgerkriegen die Einheit Chinas wiederherzustellen. 1937-1945 im Verlauf des chinesisch-japanischen Krieges kam es zum Burgfrieden mit den Kommunisten, danach erneut zum Bürgerkrieg, bis Mao Zedong 1949 die Truppen Chiang Kaisheks besiegte, diesen auf die Insel Taiwan vertrieb und eine kommunistische Volksrepublik ausrief. Nach der Enteignung der Grundbesitzer sind – wie in allen totalitären Staaten –, unzählige Regimegegner entweder hingerichtet oder in Arbeitslagern unschädlich gemacht worden.

Eines Urteils über diese Vorgänge hat Hesse sich enthalten. Denn bei aller Sympathie, die er zeitlebens für die Unterdrückten gegen ihre Unterdrücker, und allem Verständnis, das er für den kommunistischen Versuch hatte, soziale Gerechtigkeit herbeizuführen, lehnte er doch die Gewalt und den Terror ab, womit seit jeher versucht wurde, diese Ziele zu erreichen. Schon 1919 hatte er betont: »Ich halte das Anwenden von Gewalt unter allen Umständen für verboten, auch wenn es im Interesse des ›Guten‹ geschieht«. Und noch 1931 schrieb er an seinen Sohn Bruno: »Wenn die 90 Prozent der Menschheit, die heute hungern, nicht mehr von den 10 Prozent der Satten regiert würden, wäre das ja nur schön.« Hatte nicht schon Konfuzius gesagt: »Reichtum zu zentralisieren, heißt das Volk auseinanderreißen. Reichtum verteilen, heißt das Volk versammeln«?

Doch Konfuzius, wie fast alle Denker, die China vordem geprägt hatten, wurde von den Maoisten unterdrückt, so daß Hesse 1949 resümierte: »Solang sich der Kommunismus nicht die Verteilung von Macht und Besitz unter alle zum Ziel setzt ... und solang seine Nutznießer nicht das Volk, sondern eine kleine Clique von Bonzen sind, ist ja weiter nicht darüber zu reden.« Daran hatte sich nach dem Zweiten Weltkrieg noch so wenig geändert, daß er feststellen mußte: »Die kommunistischen Völker arbeiten und hungern um ihre Kommissare fett zu machen« ... »Seit Kommunismus, Nationalismus und Militarismus Brüder geworden sind, hat der Osten seinen Zauber für mich verloren.«

Im Oktober 1950 hatten rotchinesische Truppen das bisher weitgehend autonome Tibet erobert. Obwohl sie nach ihrem Sieg der tibetischen Regierung, dem Dalai Lama und dem Lande weiterhin die Selbstverwaltung zugestanden hatten, okkupierten sie es fortan auf eine Weise, daß sich im März 1959 der Unmut der Bevölkerung in einem Aufstand entlud. Dessen Auslöschung durch chinesisches Militär hatte schließlich die völlige Unterwerfung Tibets zur Folge und die Flucht des Dalai Lama mit mehr als zwanzigtausend Landsleuten.

In seiner Antwort auf eine unter dem Titel »Blick nach dem fernen Osten« veröffentlichte journalistische Umfrage bemerkt Hesse 1959 dazu: »Die heutige Weltlage hat an der Oberfläche alles verändert. Es war mit der Befreiung von den weißen Herren nicht getan, ganz andere Gewalten bilden jetzt den Sturmwind über Asien. Die Chinesen, einst das friedlichste und an kriegs- und militärfeindlichen Bekundungen reichste Land der Erde, sind heute die gefürchtetste und rücksichtsloseste Nation geworden. Sie haben das heilige Tibet, neben Indien das frömmste aller Völker, barbarisch überfallen und erobert.« Aber weil Hesses Vertrauen in die geistige Kraft des chinesischen Volkes unerschütterlich war, gibt er am Ende seiner Ausführungen doch auch das Temporäre solcher Entwicklungen zu bedenken: »Vergleicht man etwa das politische Frankreich oder England des 17. Jahrhunderts mit dem heutigen, so zeigt sich, daß der politische Aspekt einer Nation sich im Lauf der Jahrhunderte gewaltig verändern kann, ohne daß dies auch eine entsprechende Veränderung im Kern des Volkscharakters bedeuten müßte. Wir müssen wünschen, daß auch im chinesischen Volk über die Zeiten dieser Verstörung hinweg sich viele seiner wundervollen Charakterzüge und Begabungen erhalten.«

1962, drei Jahre nach dieser letzten öffentlichen Äußerung über China, ist Hesse gestorben. Damit blieb es ihm erspart, den selbstherrlichen Führerkult Maos und seine blutige »Kulturrevolution« erleben zu müssen. Zwei Jahrzehnte danach gab sich Chinas kommunistische Volksrepublik eine neue Verfassung und begann damit einen Kurs einzuschlagen, welcher den Menschen durch die Förderung persönlicher Initiative und Leistung wieder mehr individuelle Freiheit zugesteht. Nach und nach scheinen sich also Chinas altbewährte »Charakterzüge und Begabungen«, die das Reich jahrtausendelang geprägt und zusammengehalten hatten, wieder durchzusetzen und mit ihnen eine Besinnung auf jenes Erbe, das die Bilderstürmer der Republik und die Roten Garden der »Kultur«-Revolution zerschlagen wollten. In den letzten Jahren wurde sogar von Staats wegen der einst von den Maoisten geschmähte Konfuzius rehabilitiert: inzwischen richtet die Volksrepublik in aller Welt Kulturinstitute ein, die seinen Namen tragen.

Hermann Hesse in China

Man sollte meinen, daß ein europäischer Autor, der in sein Werk so viel Chinesisches einbezogen hat und sich derart für das »Reich der Mitte« engagierte, dort schon früh auf Gegenliebe gestoßen sein müßte. Das aber war nur in begrenztem Maß der Fall. Verglichen mit anderen asiatischen Staaten ist dort verhältnismäßig spät als erstes seiner Bücher 1936 das frühe Erzählbändchen *Schön ist die Jugend* übersetzt worden, und danach mußten fast noch 40 Jahre vergehen, bis auch seine Hauptwerke in chinesischer Sprache vorlagen. Zwar scheint es 1954 eine Initiative gegeben zu haben, daran etwas zu ändern, als ein Chinese Hesse um die Erlaubnis bat, Bücher von ihm zu übersetzen. Doch der war nicht geneigt, dem maoistischen Regime Konzessionen zu machen. In einem Brief vom Dezember 1954 an den Journalisten Karl Friedrich Borée berichtet Hesse: »Ich schrieb zurück: das jetzige China hat Konfuzius und Lao Tse verboten oder doch für unerwünscht erklärt, und in einem Land, das zur Zeit seine eigenen Klassiker nicht ertrage, möchte ich kein Buch von mir übersetzt sehen.«

Warum es nicht mehr Versuche gab, Hesse in China zu publizieren, begründet Adrian Hsia im Hinblick auf die Geschichte des Landes mit den innenpolitischen Kämpfen nach dem Sturz des Kaisertums und Chinas Militarisierung im Widerstand gegen den Überfall Japans im Krieg von 1937-1947. In diesem Zusammenhang gibt er zu bedenken, daß »keines der Bücher Hesses als Kriegsliteratur geeignet ist«, und erinnert daran, daß damals überhaupt nur wenige Chinesen Deutsch beherrschten: »Diejenigen, die der Sprache mächtig waren, interessierten sich für Medizin, technische und Naturwissenschaften ... Erst in den zwanziger Jahren hat man begonnen, Goethe und Schiller zu übersetzen ... Das meistverbreitete deutsche Buch waren die *Kinder- und Hausmärchen* der Brüder Grimm, und die Sozialdramen Gerhart Hauptmanns waren populärer als die Werke Schillers und Goethes ... In den vierziger Jahren galt Remarque als der beliebteste deutsche Erzähler, er war bekannter als Thomas Mann (von dem erst

1928 ein Bändchen ›Novellen‹ erschien) und Franz Kafka, den man 1969 zum ersten Mal ins Chinesische übersetzte. Heute aber sind Hesse und Schnitzler die beiden deutschen Schriftsteller, deren Werke – auf Taiwan – am meisten ins Chinesische übersetzt worden sind.« (Adrian Hsia in: Martin Pfeifer, *Hermann Hesses weltweite Wirkung*, 1977)

Mit Taiwan ist das Stichwort gefallen, das für die chinesische Hesse-Rezeption der letzten vier Jahrzehnte bis in die aktuelle Gegenwart hinein bestimmend geworden ist.

1949 war die von den Kommunisten geschlagene National-Regierung auf die 200 Kilometer vor dem Festland gelegene Insel Taiwan geflüchtet. Diese früher von den Portugiesen, Niederländern und Japanern besetzte, »Formosa« genannte Provinz wurde, nachdem Mao Zedong Festland-China als kommunistische Volksrepublik ausgerufen hatte, von Chiang Kaishek zur »Republik China« erklärt. Unter dem Schutz der USA konnte sich die Insel mit 23 Millionen Chinesen gegen Rotchina behaupten und zu einer der führenden Wirtschaftsnationen Asiens entwickeln. Anders als die Kulturpolitik Maos, welche nur die »ideologisch-progressiven« Autoren der DDR duldete, war die national-chinesische Kulturpolitik für ausländische Literatur zugänglicher. So konnte dort, als erstes von Hesses Hauptwerken, 1965 der Roman *Narziß und Goldmund* erscheinen, von dem Taiwaner Germanisten Hsüan Cheng direkt aus dem Deutschen ins Chinesische übertragen. Und als kurz danach während des Vietnamkriegs die Widerstandsbewegungen der Beatnik- und Hippiegeneration in den USA eine millionenfache Verbreitung von Hesses Büchern ausgelöst hatten, wurde er auch in Taiwan zum Bestseller. In rascher Folge erschienen dort nun alle seine Hauptwerke (einige davon mehrfach in verschiedenen Übersetzungen). Weil man offenbar die Konjunktur nicht verpassen wollte, konnte es damit nicht schnell genug gehen. Deshalb wurde bald nicht mehr nach deutschen Originalausgaben, sondern nach den allgegenwärtigen amerikanischen und japanischen Vorlagen übersetzt, zumal ungleich mehr Chinesen die englische oder die japanische als die deutsche Sprache beherrschen.

Inzwischen war Mao 1976 im Alter von 82 Jahren gestorben, und dank der 1979, nach der Inhaftierung der sogenannten Viererbande um Maos Witwe Jiang Qing einsetzenden politischen Tauwetterperiode begann auch dort eine neue Ära mit dem Übergang von der Plan- zur Marktwirtschaft. Hermann Hesse, der in Rotchina zuvor so gut wie unbekannt war, durfte nun endlich übersetzt werden. Wer gab den Anstoß?

1980 wurde Adrian Hsia, der in Kanada lehrende Literaturwissenschaftler und Hesse-Spezialist, zu einem zweimonatigen Forschungsaufenthalt nach Peking eingeladen. Gastgeber war der Germanist und Schriftsteller Feng Zhi, Leiter des Instituts für ausländische Literatur der chinesischen Akademie für Gesellschaftswissenschaften. Als Geschenk der Bundesrepublik Deutschland hatte er 1979 eine Büchersendung erhalten, die auch die siebenbändige Ausgabe von Hesses *Gesammelten Schriften* enthielt. Da er diesen Autor bisher nur dem Namen nach als Nobelpreisträger kannte, beauftragte er die Übersetzerin Zhang Peifen, sich mit ihm zu befassen. Frau Zhang besuchte einen der Pekinger Hesse-Vorträge von Professor Hsia, erzählte ihm von ihrem Auftrag und bat ihn um Literatur über den Dichter. Diese Begegnung war ein voller Erfolg. In rascher Folge übersetzte sie daraufhin *Unterm Rad*, einen Band mit Erzählungen, *Siddhartha*, *Das Glasperlenspiel* und einen umfangreichen Band mit Hesses Kurzprosa. Neben dem Chinesen Hu Qiding, der etwa zeitgleich *Peter Camenzind*, die *Klingsor*-Novellen, *Gertrud* und *Roßhalde* übersetzte, entwickelte sie sich bald zu Chinas profiliertester Hesse-Vermittlerin. Viele weitere Werke des Dichters folgten, und alle – im Gegensatz zu den Taiwaner Ausgaben – nach den deutschen Originalausgaben übertragen.

So sind ausgerechnet die in der ehemals restriktiven Volksrepublik veröffentlichten Hesse-Ausgaben zuverlässiger als die meisten der vordem im liberaleren Taiwan publizierten. Und auch ihre Verbreitung ist überschaubarer als diejenige in Taiwan, da die dortigen Verlage die Auflagenhöhe nicht angeben. Wenn auch die Gesamtauflage von etwa einer halben Million Exemplaren von 1980 bis 2002 (die neueste Entwicklung konnte bis Redaktionsschluß nicht ermittelt werden), gemessen an der volkschinesischen Bevölkerung von 1,3 Milliarden Menschen sich bisher eher unbeträchtlich ausnimmt, zeigt doch die Verbreitung von Hesses Büchern im übrigen asiatischen Raum (z. B. in ungleich kleineren Staaten wie Japan mit mehr als 12 Millionen Hesse-Büchern, Südkorea mit über 6 Millionen) sein künftiges Potential für die chinesische Volksrepublik.

In den fast hundert Jahren, die mittlerweile seit Hesses Begegnung mit den Chinesen von Singapur vergangen sind, hat sich an der Oberfläche sehr viel gewandelt. Aber auch noch im Zeitalter der Globalisierung trifft zu, was er bereits 1913 festgestellt hatte: »Die Kaufleute sprechen von den Chinesen mit einer gewissen, fast ängstlich neidischen Achtung; große Erwerbsgebiete sind ganz in chinesischen Händen; auch in Handel und Schiffahrt sind sie als Konkurrenten europäischer Unternehmer gefürchtet, doch geachtet.« Danach zählt er auf, was sich inzwischen ja gründlich geändert hat: »Worin die Chinesen, als Volk, hinter uns zurück sind, das sind zumeist äußere Vervollkommnungen der Zivilisation, das sind Maschinen und Kanonen und ähnliche Dinge, an denen man nicht Kulturen abmißt.« Doch gibt er zu bedenken, daß sie uns einst auch

darin um Jahrhunderte voraus waren: »Sie haben Schießpulver und Papiergeld früher gehabt als wir«, und weist
einmal mehr darauf hin, »daß wir uns freuen sollten, auf
der anderen Hälfte der Erdkugel einen so festen und respektablen Gegenpol zu besitzen. Es wäre töricht, zu wünschen, die ganze Welt möchte mit der Zeit europäisch oder
chinesisch kultiviert werden; wir sollten aber von diesem
fremden Geist lernen und den fernsten Osten ebenso zu
unseren Lehrern rechnen, wie wir es seit Jahrhunderten
mit dem westasiatischen Orient getan haben. Und wenn
wir im Konfuzius lesen, der fünfhundert Jahre vor Christus
gelebt hat, so sollen wir ihn nicht als ein verschollenes Kuriosum untergegangener Zeiten betrachten, sondern daran
denken, daß nicht nur seine Lehre dies große Reich durch
zwei Jahrtausende erhalten und gestützt hat, sondern daß
heute noch seine Nachkommen in China leben, seinen Namen tragen und von ihm mit Stolz wissen – wo neben der
älteste und kultivierteste europäische Adel kindlich jung
erscheint. Lao Tse soll uns nicht das Neue Testament ersetzen, aber er soll uns zeigen, daß Ähnliches auch unter
anderem Himmel und früher schon gewachsen ist, und
das soll unseren Glauben an die Internationalität der Kulturfähigkeit stärken.«

Die rasante Entwicklung Chinas vom Agrar- zum Indu-
striestaat, dessen Bevölkerung zu Hesses Zeiten noch zu
90 Prozent aus analphabetischen Landarbeitern bestand,
die aber inzwischen, seit der Einführung einer allgemeinen
neunjährigen Schulpflicht 1986, des Lesens und Schreibens
kundig sind, bestätigt seine Zuversicht in die kulturelle Zukunft dieser Nation. Und was die Internationalität betrifft,
so zeigt Chinas Präsenz auf dem Weltmarkt einen Kosmo-
politismus, der es zu einer der mächtigsten Triebkräfte der
Globalisierung gemacht hat. Auf die Devise »Mehr Gleichheit!« ist in den dreißig Jahren, die seit Maos lähmender
Planwirtschaft vergangen sind, die Forderung nach »Mehr

Leistung!« gefolgt – nicht die schlechteste Vorraussetzung für einen Neubeginn im Anschluß an Chinas beste Traditionen. Auch die Stärkung des dort allzu lange verpönten Individualismus – eines der wichtigsten Reize von Hermann Hesses Werken im asiatischen Raum – wird gewiß dazu beitragen.

Volker Michels

Erzählungen
Legenden
Gedichte

Der Dichter

Es wird erzählt, daß der chinesische Dichter Han Fook in seiner Jugend von einem wunderbaren Drang beseelt war, alles zu lernen und sich in allem zu vervollkommnen, was zur Dichtkunst irgend gehört. Er war damals, da er noch in seiner Heimat am Gelben Flusse lebte, auf seinen Wunsch und mit Hilfe seiner Eltern, die ihn zärtlich liebten, mit einem Fräulein aus gutem Hause verlobt worden, und die Hochzeit sollte nun bald auf einen glückverheißenden Tag festgesetzt werden. Han Fook war damals etwa zwanzig Jahre alt und ein hübscher Jüngling, bescheiden und von angenehmen Umgangsformen, in den Wissenschaften unterrichtet und trotz seiner Jugend schon durch manche vorzügliche Gedichte unter den Literaten seiner Heimat bekannt. Ohne gerade reich zu sein, hatte er doch ein auskömmliches Vermögen zu erwarten, das durch die Mitgift seiner Braut noch erhöht wurde, und da diese Braut außerdem sehr schön und tugendhaft war, schien an dem Glücke des Jünglings nichts mehr zu fehlen. Dennoch war er nicht ganz zufrieden, denn sein Herz war von dem Ehrgeiz erfüllt, ein vollkommener Dichter zu werden.

Da geschah es an einem Abend, da ein Lampenfest auf dem Flusse begangen wurde, daß Han Fook allein am jenseitigen Ufer des Flusses wandelte. Er lehnte sich an den Stamm eines Baumes, der sich über das Wasser neigte, und sah im Spiegel des Flusses tausend Lichter schwimmen und zittern, er sah auf den Booten und Flößen Männer und Frauen und junge Mädchen einander begrüßen und in festlichen Gewändern wie schöne Blumen glänzen, er hörte das schwache Gemurmel der beleuchteten Wasser, den Gesang der Sängerinnen, das Schwirren der Zither und die süßen Töne der Flötenbläser, und über dem allen sah er die bläuliche Nacht wie das Gewölbe eines Tempels schweben. Dem Jüngling schlug das Herz, da er als einsamer Zuschauer, seiner Laune folgend, all diese Schönheit betrachtete. Aber so sehr es ihn verlangte, hinüberzugehen und dabeizusein und in der Nähe seiner Braut und seiner Freunde das Fest zu genießen, so begehrte er dennoch weit sehnlicher, dies alles als ein feiner Zuschauer aufzunehmen und in einem ganz vollkommenen Gedicht widerzuspiegeln: die Bläue der Nacht und das Lichterspiel des Wassers sowohl wie die Lust der Festgäste und die Sehnsucht des stillen Zuschauers, der am Stamm des Baumes über dem Ufer lehnt. Er empfand, daß ihm bei allen Festen und aller Lust dieser Erde doch niemals ganz und gar wohl und heiter ums Herz sein könnte, daß er auch inmitten des Lebens ein Einsamer und gewissermaßen ein Zuschauer und Fremdling bleiben würde, und er empfand, daß seine Seele unter vielen anderen allein so beschaffen sei, daß er zugleich die Schönheit der Erde und das heimliche Verlangen des Fremdlings fühlen mußte. Darüber wurde er traurig und sann dieser Sache nach, und das Ziel seiner Gedanken war dieses, daß ihm ein wahres Glück und eine tiefe Sättigung nur dann zuteil werden könnte, wenn es ihm einmal gelänge, die Welt so vollkommen in Gedichten zu spiegeln, daß er in diesen Spiegelbildern die Welt selbst geläutert und verewigt besäße.

Kaum wußte Han Fook, ob er noch wache oder eingeschlummert sei, als er ein leises Geräusch vernahm und neben dem Baumstamm einen Unbekannten stehen sah, einen alten Mann in einem violetten Gewand und mit ehrwürdigen Mienen. Er richtete sich auf und begrüßte ihn mit dem Gruß, der den Greisen und Vornehmen zukommt; der Fremde aber lächelte und sprach einige Verse, in denen war alles, was der junge Mann soeben empfunden hatte, so vollkommen und schön und nach den Regeln der großen Dichter ausgedrückt, daß dem Jüngling vor Staunen das Herz stillstand.

»Oh, wer bist du«, rief er, indem er sich tief verneigte, »der du in meine Seele sehen kannst und schönere Verse sprichst, als ich je von allen meinen Lehrern vernommen habe?«

Der Fremde lächelte abermals mit dem Lächeln der Vollendeten und sagte: »Wenn du ein Dichter werden willst, so komm zu mir. Du findest meine Hütte bei der Quelle des großen Flusses in den nordwestlichen Bergen. Mein Name ist Meister des vollkommenen Wortes.«

Damit trat der alte Mann in den schmalen Schatten des Baumes und war alsbald verschwunden, und Han Fook, der ihn vergebens suchte und keine Spur von ihm mehr fand, glaubte nun fest, daß alles ein Traum der Müdigkeit gewesen sei. Er eilte zu den Booten hinüber und wohnte dem Feste bei, aber zwischen Gespräch und Flötenklang vernahm er immerzu die geheimnisvolle Stimme des Fremden, und seine Seele schien mit jenem dahingegangen, denn er saß fremd und mit träumenden Augen unter den Fröhlichen, die ihn mit seiner Verliebtheit neckten.

Wenige Tage später wollte Han Fooks Vater seine Freunde und Verwandten berufen, um den Tag der Vermählung zu bestimmen. Da widersetzte sich der Bräutigam und sagte: »Verzeihe mir, wenn ich gegen den Gehorsam zu verstoßen scheine, den der Sohn dem Vater schuldet. Aber du weißt, wie sehr es mein Verlangen ist, in der Kunst der Dichter mich auszuzeichnen, und wenn auch einige meiner Freunde meine Gedichte loben, so weiß ich doch wohl, daß ich noch ein Anfänger und noch auf den ersten Stufen des Weges bin. Darum bitte ich dich, laß mich noch eine Weile in die Einsamkeit gehen und meinen Studien nachhängen, denn mir scheint, wenn ich erst eine Frau und ein Haus zu regieren habe, wird dies mich von jenen Dingen abhalten. Jetzt aber bin ich noch jung und ohne andere Pflichten und möchte noch eine Zeit allein für meine Dichtkunst leben, von der ich Freude und Ruhm erhoffe.«

Die Rede setzte den Vater in Erstaunen, und er sagte: »Diese Kunst muß dir wohl über alles lieb sein, da du ihretwegen sogar deine Hochzeit verschieben willst. Oder ist etwas zwischen dich und deine Braut gekommen, so sage es mir, daß ich dir helfen kann, sie zu versöhnen oder dir eine andere zu verschaffen.«

Der Sohn schwor aber, daß er seine Braut nicht weniger liebe als gestern und immer und daß nicht der Schatten eines Streites zwischen ihn und sie gefallen sei. Und zugleich erzählte er seinem Vater, daß ihm durch einen Traum am Tag des Lampenfestes ein Meister kundgeworden sei, dessen Schüler zu werden er sehnlicher wünsche als alles Glück der Welt.

»Wohl«, sprach der Vater, »so gebe ich dir ein Jahr. In dieser Zeit magst du deinem Traum nachgehen, der vielleicht von einem Gott zu dir gesandt worden ist.«

»Es mögen auch zwei Jahre werden«, sagte Han Fook zögernd, »wer will das wissen?«

Da ließ ihn der Vater gehen und war betrübt; der Jüngling aber schrieb seiner Braut einen Brief, verabschiedete sich und zog davon.

Als er sehr lange gewandert war, erreichte er die Quelle des Flusses und fand in großer Einsamkeit eine Bambushütte stehen, und vor der Hütte saß auf einer geflochtenen Matte der alte Mann, den er am Ufer bei dem Baumstamm gesehen hatte. Er saß und spielte die Laute, und als er den Gast sich mit Ehrfurcht nähern sah, erhob er sich nicht, noch grüßte er ihn, sondern lächelte nur und ließ die zarten Finger über die Saiten laufen, und eine zauberhafte Musik floß wie eine silberne Wolke durch das Tal, daß der Jüngling stand und sich verwunderte und in süßem Erstaunen alles andere vergaß, bis der Meister des vollkommenen Wortes seine kleine Laute beiseite legte und in die Hütte trat. Da folgte ihm Han Fook mit Ehrfurcht und blieb bei ihm als sein Diener und Schüler.

Ein Monat verging, da hatte er gelernt, alle Lieder, die er zuvor gedichtet hatte, zu verachten, und er tilgte sie aus seinem Gedächtnis. Und wieder nach Monaten tilgte er auch die Lieder, die er daheim von seinen Lehrern gelernt hatte, aus seinem Gedächtnis. Der Meister sprach kaum ein Wort mit ihm, er lehrte ihn schweigend die Kunst des Lautenspieles, bis das Wesen des Schülers ganz von Musik durchflossen war.

Einst machte Han Fook ein kleines Gedicht, worin er den Flug zweier Vögel am herbstlichen Himmel beschrieb und das ihm wohlgefiel. Er wagte nicht, es dem Meister zu zeigen, aber er sang es eines Abends abseits von der Hütte, und der Meister hörte es wohl. Er sagte jedoch kein Wort. Er spielte nur leise auf seiner Laute, und alsbald ward die Luft kühl und die Dämmerung beschleunigt, ein scharfer Wind erhob sich, obwohl es mitten im Sommer war, und über den grau gewordenen Himmel flogen zwei Reiher in mächtiger Wandersehnsucht, und alles dies war so viel schöner und vollkommener als des Schülers Verse, daß dieser traurig wurde und schwieg und sich wertlos fühlte. Und so tat der Alte jedesmal, und als ein Jahr vergangen war, da hatte Han Fook das Lautenspiel beinahe vollkommen erlernt, die Kunst der Dichtung aber sah er immer schwerer und erhabener stehen.

Als zwei Jahre vergangen waren, spürte der Jüngling ein heftiges Heimweh nach den Seinigen, nach der Heimat und nach seiner Braut, und er bat den Meister, ihn reisen zu lassen.

Der Meister lächelte und nickte. »Du bist frei«, sagte er, »und kannst gehen, wohin du willst. Du magst wiederkommen, du magst wegbleiben, ganz wie es dir gefällt.«

Da machte sich der Schüler auf die Reise und wanderte rastlos, bis er eines Morgens in der Dämmerung am heimatlichen Ufer stand und über die gewölbte Brücke nach seiner Vaterstadt hinübersah. Er schlich verstohlen in seines Vaters Garten und hörte durchs Fenster des Schlafzimmers seines Vaters Atem gehen, der noch schlief, und er stahl sich in den Baumgarten beim Hause seiner Braut und sah vom Wipfel eines Birnbaumes, den er erstieg, seine Braut in der Kammer stehen und ihre Haare kämmen. Und indem er dies alles, wie er es mit seinen Augen sah, mit dem Bilde verglich, das er in seinem Heimweh davon gemalt hatte, ward es ihm deutlich, daß er doch zum Dichter bestimmt sei, und er sah, daß in den Träumen der Dichter eine Schönheit und Anmut wohnt, die man in den Dingen der Wirklichkeit vergeblich sucht. Und er stieg von dem Baum herab und floh aus dem Garten und über die Brücke aus seiner Vaterstadt und kehrte in das hohe Tal im Gebirge zurück. Da saß wie einstmals der alte Meister vor seiner Hütte auf der bescheidenen Matte und schlug mit seinen Fingern die Laute, und statt der Begrüßung sprach er zwei Verse von den Beglückungen der Kunst, bei deren Tiefe und Wohllaut dem Jünger die Augen voll Tränen wurden.

Wieder blieb Han Fook bei dem Meister des vollkommenen Wortes, der ihn nun, da er die Laute beherrschte, auf der Zither unterrichtete, und die Monate schwanden hinweg wie Schnee im Westwind. Noch zweimal geschah es, daß ihn das Heimweh übermannte. Das eine Mal lief er heimlich in der Nacht davon, aber noch ehe er die letzte Krümmung des Tales erreicht hatte, lief der Nachtwind über die Zither, die in der Tür der Hütte hing, und die Töne flohen ihm nach und riefen ihn zurück, daß er nicht widerstehen konnte. Das andere Mal aber träumte ihm, er pflanze einen jungen Baum in seinen Garten, und sein Weib stünde dabei, und seine Kinder begössen den Baum mit Wein und Milch. Als er erwachte, schien der Mond in seine Kammer, und er erhob sich verstört und sah nebenan den Meister im Schlummer liegen und seinen greisen Bart sachte zittern; da überfiel ihn ein bitterer Haß gegen diesen

Menschen, der, wie ihm schien, sein Leben zerstört und ihn um seine Zukunft betrogen habe. Er wollte sich über ihn stürzen und ihn ermorden. Da schlug der Greis die Augen auf und begann alsbald mit einer feinen, traurigen Sanftmut zu lächeln, die den Schüler entwaffnete.

»Erinnere dich, Han Fook«, sagte der Alte leise, »du bist frei, zu tun, was dir beliebt. Du magst in deine Heimat gehen und Bäume pflanzen, du magst mich hassen und erschlagen, es ist wenig daran gelegen.«

»Ach, wie könnte ich dich hassen«, rief der Dichter in heftiger Bewegung. »Das ist, als ob ich den Himmel selbst hassen wollte.«

Und er blieb und lernte die Zither spielen, und danach die Flöte, und später begann er unter des Meisters Anweisung Gedichte zu machen, und er lernte langsam jene heimliche Kunst, scheinbar nur das Einfache und Schlichte zu sagen, damit aber in des Zuhörers Seele zu wühlen wie der Wind in einem Wasserspiegel. Er beschrieb das Kommen der Sonne, wie sie am Rand des Gebirges zögert, und das lautlose Huschen der Fische, wenn sie wie Schatten unter dem Wasser hinfliehen, oder das Wiegen einer jungen Weide im Frühlingswind, und wenn man es hörte, so war es nicht die Sonne und das Spiel der Fische und das Flüstern der Weide allein, sondern es schien der Himmel und die Welt jedesmal für einen Augenblick in vollkommener Musik zusammenzuklingen, und jeder Hörer dachte dabei mit Lust oder Schmerzen an das, was er liebte oder haßte, der Knabe ans Spiel, der Jüngling an die Geliebte und der Alte an den Tod.

Han Fook wußte nicht mehr, wie viele Jahre er bei dem Meister an der Quelle des großen Flusses verweilt habe; oft schien es ihm, als sei er erst gestern abend in dieses Tal getreten und vom Saitenspiel des Alten empfangen worden, oft auch war ihm, als seien hinter ihm alle Menschenalter und Zeiten hinabgefallen und wesenlos geworden.

Da erwachte er eines Morgens allein in der Hütte, und wo er auch suchte und rief, der Meister war verschwunden. Über Nacht schien plötzlich der Herbst gekommen, ein rauher Winter rüttelte an der alten Hütte, und über den Grat des Gebirges flogen große Scharen von Zugvögeln, obwohl es noch nicht ihre Zeit war.

Da nahm Han Fook die kleine Laute mit sich und stieg in das Land seiner Heimat hinab, und wo er zu den Menschen kam, begrüßten sie ihn mit dem Gruß, der den Alten und Vornehmen zukommt, und als er in seine Vaterstadt kam, da waren sein Vater und seine Braut und seine Verwandtschaft gestorben, und andere Menschen wohnten in ihren Häusern. Am Abend aber wurde das Lampenfest auf dem Flusse gefeiert, und der Dichter Han Fook stand jenseits auf dem dunkleren Ufer, an den Stamm eines alten Baumes gelehnt, und als er auf seiner kleinen Laute zu spielen begann, da seufzten die Frauen und blickten entzückt und beklommen in die Nacht, und die jungen Mädchen riefen nach dem Lautenspieler, den sie nirgends finden konnten, und riefen laut, daß noch keiner von ihnen jemals solche Töne einer Laute gehört habe. Han Fook aber lächelte. Er schaute in den Fluß, wo die Spiegelbilder der tausend Lampen schwammen; und wie er die Spiegelbilder nicht mehr von den wirklichen zu unterscheiden wußte, so fand er in seiner Seele keinen Unterschied zwischen diesem Fest und jenem ersten, da er hier als ein Jüngling gestanden war und die Worte des fremden Meisters vernommen hatte.

(1913)

Nachtfest der Chinesen in Singapore

Bei den wehenden Lichtern
Oben auf dem bekränzten Balkon
Kauern sie ruhvoll in der festlichen Nacht,
Sprechen Lieder von lang verstorbenen Dichtern,
Horchen beglückt auf der Laute schwirrenden Ton,
Der die Augen der Mädchen größer und schöner macht.

Durch die sternlose Nacht klirrt die Musik
Gläsern wie Flügelschlag großer Libellen,
Braune Augen lachen in lautlosem Glück –
Keiner, der nicht ein Lächeln im Auge hat.
Drunten wartet schlaflos mit tausend hellen
Lichteraugen am Meere die glänzende Stadt.

Flötentraum

»Hier«, sagte mein Vater, und übergab mir eine kleine, beinerne Flöte, »nimm das und vergiß deinen alten Vater nicht, wenn du in fernen Ländern die Leute mit deinem Spiel erfreust. Es ist hohe Zeit, daß du die Welt siehst und etwas lernst. Ich habe dir diese Flöte machen lassen, weil du doch keine andre Arbeit tun und immer nur singen magst. Nur denke auch daran, daß du immer hübsche und liebenswürdige Lieder vorträgst, sonst wäre es schade um die Gabe, die Gott dir verliehen hat.«

Mein lieber Vater verstand wenig von der Musik, er war ein Gelehrter; er dachte, ich brauchte nur in das hübsche Flötchen zu blasen, so werde es schon gut sein. Ich wollte ihm seinen Glauben nicht nehmen, darum bedankte ich mich, steckte die Flöte ein und nahm Abschied.

Unser Tal war mir bis zur großen Hofmühle bekannt; dahinter fing denn also die Welt an, und sie gefiel mir sehr wohl. Eine müdgeflogene Biene hatte sich auf meinen Ärmel gesetzt, die trug ich mit mir fort, damit ich später bei meiner ersten Rast gleich einen Boten hätte, um Grüße in die Heimat zurückzusenden.

Wälder und Wiesen begleiteten meinen Weg, und der Fluß lief rüstig mit; ich sah, die Welt war von der Heimat wenig verschieden. Die Bäume und Blumen, die Kornähren und Haselbüsche sprachen mich an, ich sang ihre Lieder mit, und sie verstanden mich, gerade wie daheim; darüber wachte auch meine Biene wieder auf, sie kroch langsam bis auf meine Schulter, flog ab und umkreiste mich zweimal mit ihrem tiefen süßen Gebrumme, dann steuerte sie geradeaus rückwärts der Heimat zu.

Da kam aus dem Wald hervor ein junges Mädchen gegangen, das trug einen Korb am Arm und einen breiten, schattigen Strohhut auf dem blonden Kopf.

»Grüß Gott«, sagte ich zu ihr, »wo willst denn du hin?«

»Ich muß den Schnittern das Essen bringen«, sagte sie und ging neben mir. »Und wo willst du heut noch hinaus?«

»Ich gehe in die Welt, mein Vater hat mich geschickt. Er meint, ich solle den Leuten auf der Flöte vorblasen, aber das kann ich noch nicht richtig, ich muß es erst lernen.«

»So so. Ja, und was kannst du denn eigentlich? Etwas muß man doch können.«

»Nichts Besonderes. Ich kann Lieder singen.«

»Was für Lieder denn?«

»Allerhand Lieder, weißt du, für den Morgen und für den Abend und für alle Bäume und Tiere und Blumen. Jetzt könnte ich zum Beispiel ein hübsches Lied singen von einem jungen Mädchen, das kommt aus dem Wald heraus und bringt den Schnittern ihr Essen.«

»Kannst du das? Dann sing's einmal!«

»Ja, aber wie heißt du eigentlich?«

»Brigitte.«

Da sang ich das Lied von der hübschen Brigitte mit dem Strohhut, und was sie im Korbe hat, und wie die Blumen ihr nachschauen, und die blaue Winde vom Gartenzaun langt nach ihr, und alles was dazugehörte.

Sie paßte ernsthaft auf und sagte, es wäre gut. Und als ich ihr erzählte, daß ich hungrig sei, da tat sie den Deckel von ihrem Korb und holte mir ein Stück Brot heraus. Als ich da hineinbiß und tüchtig dazu weitermarschierte, sagte sie aber: »Man muß nicht im Laufen essen. Eins nach dem andern.«

Und wir setzten uns ins Gras, und ich aß mein Brot, und sie schlang die braunen Hände um ihre Knie und sah mir zu.

»Willst du mir noch etwas singen?« fragte sie dann, als ich fertig war.

»Ich will schon. Was soll es sein?«

»Von einem Mädchen, dem ist sein Schatz davongelaufen, und es ist traurig.«

»Nein, das kann ich nicht. Ich weiß ja nicht, wie das ist, und man soll auch nicht so traurig sein. Ich soll immer nur artige und liebenswürdige Lieder vortragen, hat mein Vater gesagt. Ich singe dir vom Kuckucksvogel oder vom Schmetterling.«

»Und von der Liebe weißt du gar nichts?« fragte sie dann.

»Von der Liebe? O doch, das ist ja das Allerschönste.«

Alsbald fing ich an und sang von dem Sonnenstrahl, der die roten Mohnblumen liebhat, und wie er mit ihnen spielt und voller Freude ist. Und vom Finkenweibchen, wenn es auf den Finken wartet, und wenn er kommt, dann fliegt es weg und tut erschrocken. Und sang weiter von dem Mädchen mit den braunen Augen und von dem Jüngling, der daherkommt und singt und ein Brot dafür geschenkt bekommt; aber nun will er kein Brot mehr haben, er will einen Kuß von ihr und will in ihre braunen Augen sehen, und er singt so lange fort und hört nicht auf, bis sie anfängt zu lächeln und bis sie ihm den Mund mit ihren Lippen schließt.

Da neigte Brigitte sich herüber und schloß mir den Mund mit ihren Lippen und tat die Augen zu und tat sie wieder auf, und ich sah in die nahen braungoldenen Sterne, darin war ich selber gespiegelt und ein paar weiße Wiesenblumen.

»Die Welt ist sehr schön«, sagte ich, »mein Vater hat recht gehabt. Jetzt will ich dir aber tragen helfen, daß wir zu deinen Leuten kommen.«

Ich nahm ihren Korb, und wir gingen weiter, ihr Schritt klang mit meinem Schritt und ihre Fröhlichkeit mit meiner gut zusammen, und der Wald sprach fein und kühl vom Berg herunter; ich war noch nie so vergnügt gewandert. Eine ganze Weile sang ich munter zu, bis ich aufhören mußte vor lauter Fülle; es war allzu vieles, was vom

Tal und vom Berg und aus Gras und Laub und Fluß und Ge-
büschen zusammenrauschte und erzählte.

Da mußte ich denken: wenn ich alle diese tausend Lieder der Welt zugleich verstehen und singen könnte, von
Gräsern und Blumen und Menschen und Wolken und allem, vom Laubwald und vom Föhrenwald und auch von
allen Tieren, und dazu noch alle Lieder der fernen Meere
und Gebirge, und die der Sterne und Monde, und wenn
das alles zugleich in mir innen tönen und singen könnte,
dann wäre ich der liebe Gott, und jedes neue Lied müßte
als ein Stern am Himmel stehen.

Aber wie ich eben so dachte und davon ganz still und
wunderlich wurde, weil mir das früher noch nie in den Sinn
gekommen war, da blieb Brigitte stehen und hielt mich
an dem Korbhenkel fest.

»Jetzt muß ich da hinauf«, sagte sie, »da droben sind
unsere Leute im Feld. Und du, wo gehst du hin? Kommst
du mit?«

»Nein, mitkommen kann ich nicht. Ich muß in die Welt.
Schönen Dank für das Brot, Brigitte, und für den Kuß; ich
will an dich denken.«

Sie nahm ihren Eßkorb, und über dem Korb neigten sich
ihre Augen im braunen Schatten noch einmal mir zu, und
ihre Lippen hingen an meinen, und ihr Kuß war so gut
und lieb, daß ich vor lauter Wohlsein beinah traurig werden wollte. Da rief ich schnell Lebewohl und marschierte
eilig die Straße hinunter.

Das Mädchen stieg langsam den Berg hinan, und unter
dem herabhängenden Buchenlaub am Waldrand blieb sie
stehen und sah herab und mir nach, und als ich ihr winkte
und den Hut überm Kopf schwang, da nickte sie noch einmal und verschwand still wie ein Bild in den Buchenschat-
ten hinein.

Ich aber ging ruhig meine Straße und war in Gedanken,
bis der Weg um eine Ecke bog.

Da stand eine Mühle, und bei der Mühle lag ein Schiff auf dem Wasser, darin saß ein Mann allein und schien nur auf mich zu warten, denn als ich den Hut zog und zu ihm in das Schiff hinüberstieg, da fing das Schiff sogleich zu fahren an und lief den Fluß hinunter. Ich saß in der Mitte des Schiffs, und der Mann saß hinten am Steuer, und als ich ihn fragte, wohin wir führen, da blickte er auf und sah mich aus verschleierten grauen Augen an.

»Wohin du magst«, sagte er mit einer gedämpften Stimme. »Den Fluß hinunter und ins Meer, oder zu den großen Städten, du hast die Wahl. Es gehört alles mir.«

»Es gehört alles dir? Dann bist du der König?«

»Vielleicht«, sagte er. »Und du bist ein Dichter, wie mir scheint? Dann singe mir ein Lied zum Fahren!«

Ich nahm mich zusammen, es war mir bange vor dem ernsten grauen Mann, und unser Schiff schwamm so schnell und lautlos den Fluß hinab. Ich sang vom Fluß, der die Schiffe trägt und die Sonne spiegelt und am Felsenufer stärker aufrauscht und freudig seine Wanderung vollendet.

Des Mannes Gesicht blieb unbeweglich, und als ich aufhörte, nickte er still wie ein Träumender. Und alsdann begann er zu meinem Erstaunen selber zu singen, und auch er sang vom Fluß und von des Flusses Reise durch die Täler, und sein Lied war schöner und mächtiger als meines, aber es klang alles ganz anders.

Der Fluß, wie er ihn sang, kam als ein taumelnder Zerstörer von den Bergen herab, finster und wild; knirschend fühlte er sich von den Mühlen gebändigt, von den Brücken überspannt, er haßte jedes Schiff, das er tragen mußte, und in seinen Wellen und langen grünen Wasserpflanzen wiegte er lächelnd die weißen Leiber der Ertrunkenen.

Das alles gefiel mir nicht und war doch so schön und geheimnisvoll von Klang, daß ich ganz irre wurde und beklommen schwieg. Wenn das richtig war, was dieser alte, feine und kluge Sänger mit seiner gedämpften Stimme sang, dann waren alle meine Lieder nur Torheit und schlechte Knabenspiele gewesen. Dann war die Welt auf ihrem Grund nicht gut und licht wie Gottes Herz, sondern dunkel und leidend, böse und finster, und wenn die Wälder rauschten, so war es nicht aus Lust, sondern aus Qual.

Wir fuhren dahin, und die Schatten wurden lang, und jedesmal, wenn ich zu singen anfing, tönte es weniger hell, und meine Stimme wurde leiser, und jedesmal erwiderte der fremde Sänger mir ein Lied, das die Welt noch rätselhafter und schmerzlicher machte und mich noch befangener und trauriger.

Mir tat die Seele weh, und ich bedauerte, daß ich nicht an Land und bei den Blumen geblieben war oder bei der schönen Brigitte, und um mich in der wachsenden Dämmerung zu trösten, fing ich mit lauter Stimme wieder an und sang durch den roten Abendschein das Lied von Brigitte und ihren Küssen.

Da begann die Dämmerung, und ich verstummte, und der Mann am Steuer sang, und auch er sang von der Liebe und Liebeslust, von braunen und von blauen Augen, von roten feuchten Lippen, und es war schön und ergreifend, was er leidvoll über dem dunkelnden Fluß sang, aber in seinem Lied war auch die Liebe finster und bang und ein tödliches Geheimnis geworden, an dem die Menschen irr und wund in ihrer Not und Sehnsucht tasteten, und mit dem sie einander quälten und töteten.

Ich hörte zu und wurde so müde und betrübt, als sei ich schon Jahre unterwegs und sei durch lauter Jammer und Elend gereist. Von dem Fremden her fühlte ich immerzu einen leisen, kühlen Strom von Trauer und Seelenangst zu mir herüber und in mein Herz schleichen.

»Also ist denn nicht das Leben das Höchste und Schönste«, rief ich endlich bitter, »sondern der Tod. Dann bitte ich dich, du trauriger König, singe mir ein Lied vom Tode!«

Der Mann am Steuer sang nun vom Tode, und er sang

schöner, als ich je hatte singen hören. Aber auch der Tod war nicht das Schönste und Höchste, es war auch bei ihm kein Trost. Der Tod war Leben, und das Leben war Tod, und sie waren ineinander verschlungen in einem ewigen rasenden Liebeskampf, und dies war das Letzte und der Sinn der Welt, und von dorther kam ein Schein, der alles Elend noch zu preisen vermochte, und von dorther kam ein Schatten, der alle Lust und alle Schönheit trübte und mit Finsternis umgab. Aber aus der Finsternis brannte die Lust inniger und schöner, und die Liebe glühte tiefer in dieser Nacht.

Ich hörte zu und war ganz still geworden, ich hatte keinen Willen mehr in mir als den des fremden Mannes. Sein Blick ruhte auf mir, still und mit einer gewissen traurigen Güte, und seine grauen Augen waren voll vom Weh und von der Schönheit der Welt. Er lächelte mich an, und da faßte ich mir ein Herz und bat in meiner Not: »Ach, laß uns umkehren, du! Mir ist angst hier in der Nacht, und ich möchte zurück und dahin gehen, wo ich Brigitte finden kann, oder heim zu meinem Vater.«

Der Mann stand auf und deutete in die Nacht, und seine Laterne schien hell auf sein mageres und festes Gesicht. »Zurück geht kein Weg«, sagte er ernst und freundlich, »man muß immer vorwärts gehen, wenn man die Welt ergründen will. Und von dem Mädchen mit den braunen Augen hast du das Beste und Schönste gehabt, und je weiter du von ihr bist, desto besser und schöner wird es werden. Aber fahre du immerhin, wohin du magst, ich will dir meinen Platz am Steuer geben!«

Ich war zu Tod betrübt und sah doch, daß er recht hatte. Voll Heimweh dachte ich an Brigitte und an die Heimat und an alles, was eben noch nahe und licht und mein gewesen war, und was ich nun verloren hatte. Aber jetzt wollte ich den Platz des Fremden nehmen und das Steuer führen. So mußte es sein.

Darum stand ich schweigend auf und ging durch das Schiff zum Steuersitz, und der Mann kam mir schweigend entgegen, und als wir beieinander waren, sah er mir fest ins Gesicht und gab mir seine Laterne.

Aber als ich nun am Steuer saß und die Laterne neben mir stehen hatte, da war ich allein im Schiff. Ich erkannte es mit einem tiefen Schauder, der Mann war verschwunden, und doch war ich nicht erschrocken, ich hatte es geahnt. Mir schien, es sei der schöne Wandertag und Brigitte und mein Vater und die Heimat nur ein Traum gewesen, und ich sei alt und betrübt und sei schon immer und immer auf diesem nächtlichen Fluß gefahren.

Ich begriff, daß ich den Mann nicht rufen dürfe, und die Erkenntnis der Wahrheit überlief mich wie ein Frost.

Und um zu wissen, was ich schon ahnte, beugte ich mich über das Wasser hinaus und hob die Laterne, und aus dem schwarzen Wasserspiegel sah mir ein scharfes und ernstes Gesicht mit grauen Augen entgegen, ein altes, wissendes Gesicht, und das war ich.

Und da kein Weg zurückführte, fuhr ich auf dem dunkeln Wasser weiter durch die Nacht. *(1913)*

Illustrierte Handschrift des Gedichtes »An eine chinesische
Sängerin« (hier mit dem Titel »An die Sängerin Ying-Ning«)

An eine chinesische Sängerin

Auf dem stillen Flusse sind wir am Abend gefahren,
Rosig stand und beglänzt der Akazienbaum,
Rosig strahlten die Wolken. Ich aber sah sie kaum,
Sah nur die Pflaumenblüte in deinen Haaren.

Lächelnd saßest du vorn im geschmückten Boote,
Hieltest die Laute in der geübten Hand,
Sangest das Lied vom heiligen Vaterland,
Während in deinen Augen die Jugend lohte.

Schweigend stand ich am Mast und wünschte mir,
    ohne Ende
Dieser glühenden Augen Sklave zu sein,
Ewig dem Liede zu lauschen in seliger Pein
Und dem beglückenden Spiel deiner blumenhaft zarten
    Hände.

Der Europäer

Endlich hatte Gott der Herr ein Einsehen und machte dem Erdentage, der mit dem blutigen Weltkrieg geendet, selber ein Ende, indem er die große Flut sandte. Mitleidig spülten die Wasserfluten hinweg, was das alternde Gestirn schändete, die blutigen Schneefelder und die von Geschützen starrenden Gebirge, die verwesenden Leichen zusammen mit denen, die um sie weinten, die Empörten und Mordlustigen zusammen mit den Verarmten, die Hungernden zusammen mit den geistig Irrgewordenen.

Freundlich sah der blaue Weltenhimmel auf die blanke Kugel herab.

Übrigens hatte sich die europäische Technik bis zuletzt glänzend bewährt. Wochenlang hatte sich Europa gegen die langsam steigenden Wasser umsichtig und zäh gehalten. Erst durch ungeheure Dämme, an welchen Millionen von Kriegsgefangenen Tag und Nacht arbeiteten, dann durch künstliche Erhöhungen, die mit fabelhafter Schnelligkeit emporstiegen und anfangs das Aussehen riesiger Terrassen hatten, dann aber mehr und mehr zu Türmen gipfelten. Von diesen Türmen aus bewährte sich menschlicher Heldensinn mit rührender Treue bis zum letzten Tage. Während Europa und alle Welt versunken und ersoffen war, gleißten von den letzten ragenden Eisentürmen noch immer grell und unbeirrt die Scheinwerfer durch die feuchte Dämmerung der untergehenden Erde, und aus den Geschützen sausten in eleganten Bogen die Granaten hin und her. Zwei Tage vor dem Ende entschlossen sich die Führer der Mittelmächte, durch Lichtzeichen ein Friedensangebot an die Feinde zu richten. Die Feinde verlangten jedoch sofortige Räumung der noch stehenden befestigten Türme, und dazu konnten auch die entschlossensten Friedensfreunde sich nicht bereit erklären. So wurde heldenhaft geschossen bis zur letzten Stunde.

Nun war alle Welt überschwemmt. Der einzige überlebende Europäer trieb auf einem Rettungsgürtel in der Flut und war mit seinen letzten Kräften damit beschäftigt, die Ereignisse der letzten Tage aufzuschreiben, damit eine spätere Menschheit wisse, daß sein Vaterland es gewesen war, das den Untergang der letzten Feinde um Stunden überdauert und sich so für ewig die Siegespalme gesichert hatte.

Da erschien am grauen Horizont schwarz und riesig ein schwerfälliges Fahrzeug, das sich langsam dem Ermatteten näherte. Er erkannte mit Befriedigung eine gewaltige Arche und sah, ehe er in Ohnmacht sank, den uralten Patriarchen groß mit wehendem Silberbart an Bord des schwimmenden Hauses stehen. Ein gigantischer Neger fischte den Dahintreibenden auf, er lebte und kam bald wieder zu sich. Der Patriarch lächelte freundlich. Sein Werk war geglückt, es war von allen Gattungen der irdischen Lebewesen je ein Exemplar gerettet.

Während die Arche gemächlich vor dem Winde lief und auf das Sinken der trüben Wasser wartete, entspann sich an Bord ein buntes Leben. Große Fische folgten dem Fahrzeug in dichten Schwärmen, in bunten, traumhaften Geschwadern schwärmten die Vögel und Insekten über dem offenen Dach, jedes Tier und jeder Mensch war voll inniger Freude, gerettet und einem neuen Leben vorbehalten zu sein. Hell und schrill kreischte der bunte Pfau seinen Morgenruf über die Gewässer, lachend spritzte der frohe Elefant sich und sein Weib aus hochgerecktem Rüssel zum Bade, schillernd saß die Eidechse im sonnigen Gebälk; der Indianer spießte mit raschem Speerstoß glitzernde Fische aus der unendlichen Flut, der Neger rieb am Herde Feuer aus trockenen Hölzern und schlug vor Freude seiner fetten Frau in rhythmischer Taktfolge auf die klatschenden Schenkel, mager und steil stand der Hindu mit verschränkten Armen und murmelte uralte Verse aus den Gesängen der Weltschöpfung vor sich hin. Der Eskimo lag dampfend in der Sonne und schwitzte, aus kleinen Augen lachend, Wasser und Fett von sich, beschnuppert von einem gutmütigen Tapir, und der kleine Japaner hatte sich einen dünnen Stab geschnitzt, den er sorgfältig bald auf seiner Nase, bald auf seinem Kinn balancieren ließ. Der Europäer verwendete sein Schreibzeug dazu, ein Inventar der vorhandenen Lebewesen aufzustellen.

Gruppen und Freundschaften bildeten sich, und wo je ein Streit ausbrechen wollte, wurde er von dem Patriarchen durch einen Wink beseitigt. Alles war gesellig und froh; nur der Europäer war mit seiner Schreibarbeit einsam beschäftigt.

Da entstand unter all den vielfarbigen Menschen und Tieren ein neues Spiel, indem jeder im Wettbewerb seine Fähigkeiten und Künste zeigen wollte. Alle wollten die ersten sein, und es mußte vom Patriarchen selber Ordnung geschaffen werden. Er stellte die großen Tiere und die kleinen Tiere für sich, und wieder für sich die Menschen, und jeder mußte sich melden und die Leistung nennen, mit welcher er zu glänzen dachte, dann kam einer nach dem andern an die Reihe.

Dieses famose Spiel dauerte viele Tage lang, da immer wieder eine Gruppe weglief und ihr Spiel unterbrach, um einer andern zuzusehen. Und jede schöne Leistung wurde von allen mit lautem Beifall bewundert. Wieviel Wundervolles gab es da zu sehen! Wie zeigte da jedes Geschöpf Gottes, was für Gaben in ihm verborgen waren! Wie tat sich da der Reichtum des Lebens auf! Wie wurde gelacht, wie wurde Beifall gerufen, gekräht, geklatscht, gestampft, gewiehert!

Wunderbar lief das Wiesel, und zauberhaft sang die Lerche, prachtvoll marschierte der geblähte Truthahn, und unglaublich flink kletterte das Eichhorn. Der Mandrill ahmte den Malaien nach, und der Pavian den Mandrill! Läufer und Kletterer, Schwimmer und Flieger wetteiferten unermüdet, und jeder war in seiner Weise unübertroffen und fand Geltung. Es gab Tiere, die konnten durch Zauber wirken, und Tiere, die konnten sich unsichtbar machen. Viele taten sich durch Kraft hervor, viele durch List, manche durch Angriff, manche durch Verteidigung. Insekten konnten sich schützen, indem sie wie Gras, wie Holz, wie Moos, wie Felsgestein aussahen, und andere unter den Schwachen fanden Beifall und trieben lachende Zuschauer in die Flucht, indem sie sich durch grausame Gerüche vor Angriffen zu schützen wußten. Niemand blieb zurück, niemand war ohne Gaben. Vogelnester wurden geflochten, gekleistert, gewebt, gemauert. Raubvögel konnten aus grausiger Höhe das winzigste Ding erkennen.

Und auch die Menschen machten ihre Sache vortrefflich. Wie der große Neger leicht und mühelos am Balken in die Höhe lief, wie der Malaie mit drei Griffen aus einem Palmblatt ein Ruder machte und auf winzigem Brett zu steuern und zu wenden wußte, das war des Zuschauens wert. Der Indianer traf mit leichtem Pfeil das kleinste Ziel, und sein Weib flocht eine Matte aus zweierlei Bast, die hohe Bewunderung erregte. Alles schwieg lange und staunte, als der Hindu vortrat und einige Zauberstücke zeigte. Der Chinese aber zeigte, wie man die Weizenernte durch Fleiß verdreifachen konnte, indem man die ganz jungen Pflanzen auszog und in gleichen Zwischenräumen verpflanzte.

Mehrmals hatte der Europäer, der erstaunlich wenig Liebe genoß, den Unwillen seiner Menschenvettern erregt, da er die Taten anderer mit hartem und verächtlichem Urteil bemängelte. Als der Indianer einen Vogel hoch aus dem Blau des Himmels herunterschoß, hatte der weiße Mann die Achseln gezuckt und behauptet, mit zwanzig Gramm Dynamit schieße man dreimal so hoch! Und als man ihn aufforderte, das einmal vorzumachen, hatte er es nicht gekonnt, sondern hatte erzählt, ja wenn er das und dies und jenes und noch zehn andere Sachen hätte, dann könnte er es schon machen. Auch den Chinesen hatte er verspottet und gesagt, daß das Umpflanzen von jungem Weizen zwar gewiß unendlichen Fleiß erfordere, daß aber doch wohl eine so sklavische Arbeit ein Volk nicht glücklich machen könne. Der Chinese hatte unter Beifall erwidert, glücklich sei ein Volk, wenn es zu essen habe und die Götter ehre; der Europamann aber hatte auch hierzu spöttisch gelacht.

Weiter ging das fröhliche Wettspiel, und am Ende hatten alle, Tiere und Menschen, ihre Talente und Künste gezeigt. Der Eindruck war groß und freudig, auch der Patriarch lachte in seinen weißen Bart und sagte lobend, nun möge das Wasser ruhig verlaufen und ein neues Leben auf dieser Erde beginnen; denn noch sei jeder bunte Faden in Gottes Kleid vorhanden, und nichts fehle, um ein unendliches Glück auf Erden zu begründen.

Einzig der Europäer hatte noch kein Kunststück gezeigt, und nun verlangten alle andern stürmisch, er möge vortreten und das Seine tun, damit man sehe, ob auch er ein Recht habe, Gottes schöne Luft zu atmen und in des Patriarchen schwimmendem Hause zu fahren.

Lange weigerte sich der Mann und suchte Ausflüchte. Aber nun legte ihm Noah selbst den Finger auf die Brust und mahnte ihn, ihm zu folgen.

»Auch ich«, so begann nun der weiße Mann, »auch ich habe eine Fähigkeit zu hoher Tüchtigkeit gebracht und ausgebildet. Nicht das Auge ist es, das bei mir besser wäre als bei andern Wesen, und nicht das Ohr oder die Nase oder die Handfertigkeit oder irgend etwas dergleichen. Meine Gabe ist von höherer Art. Meine Gabe ist der Intellekt.«

»Vorzeigen!« rief der Neger, und alle drängten näher hinzu.

»Da ist nichts zu zeigen«, sagte der Weiße mild. »Ihr habt mich wohl nicht recht verstanden. Das, wodurch ich mich auszeichne, ist der Verstand.«

Der Neger lachte munter und zeigte schneeweiße Zähne, der Hindu kräuselte spöttisch die dünnen Lippen, der Chinese lächelte schlau und gutmütig vor sich hin.

»Der Verstand?« sagte er langsam. »Also zeige uns bitte deinen Verstand. Bisher war nichts davon zu sehen.«

»Zu sehen gibt es da nichts«, wehrte sich der Europäer mürrisch. »Meine Gabe und Eigenart ist diese: ich speichere in meinem Kopf die Bilder der Außenwelt auf und vermag aus diesen Bildern ganz allein für mich neue Bilder und Ordnungen herzustellen. Ich kann die ganze Welt in meinem Gehirn denken, also neu schaffen.«

Noah fuhr sich mit der Hand über die Augen.

»Erlaube«, sagte er langsam, »wozu soll das gut sein? Die Welt noch einmal schaffen, die Gott schon erschaffen hat, und ganz für dich allein in deinem kleinen Kopf innen – wozu kann das nützen?«

Alle riefen Beifall und brachen in Fragen aus.

»Wartet!« rief der Europäer. »Ihr versteht mich nicht richtig. Die Arbeit des Verstandes kann man nicht so leicht vorzeigen wie irgendeine Handfertigkeit.«

Der Hindu lächelte.

»O doch, weißer Vetter, das kann man wohl. Zeige uns doch einmal eine Verstandesarbeit, zum Beispiel Rechnen. Laß uns einmal um die Wette rechnen! Also: ein Paar hat drei Kinder, von welchem jedes wieder eine Familie gründet. Jedes von den jungen Paaren bekommt jedes Jahr ein Kind. Wieviel Jahre vergehen, bis die Zahl 100 erreicht ist?«

Neugierig horchten alle zu, begannen an den Fingern zu zählen und krampfhaft zu blicken. Der Europäer begann zu rechnen. Aber schon nach einem Augenblick meldete sich der Chinese, der die Rechnung gelöst hatte.

»Sehr hübsch«, gab der Weiße zu, »aber das sind bloße Geschicklichkeiten. Mein Verstand ist nicht dazu da, solch kleine Kunststücke zu machen, sondern große Aufgaben zu lösen, auf denen das Glück der Menschheit beruht.«

»O, das gefällt mir«, ermunterte Noah. »Das Glück zu finden, ist gewiß mehr als alle andern Geschicklichkeiten. Da hast du recht. Schnell sage uns, was du über das Glück der Menschheit zu lehren hast, wir werden dir alle dankbar sein.«

Gebannt und atemlos hingen nun alle an den Lippen des weißen Mannes. Nun kam es. Ehre sei ihm, der uns zeigen wird, wo das Glück der Menschheit ruht! Jedes böse Wort sei ihm abgebeten, dem Magier! Was brauchte er die Kunst und Geschicklichkeit von Auge, Ohr und Hand, was brauchte er den Fleiß und die Rechenkunst, wenn er solche Dinge wußte!

Der Europäer, der bisher eine stolze Miene gezeigt hatte, begann bei dieser ehrfürchtigen Neugierde allmählich verlegen zu werden.

»Es ist nicht meine Schuld!« sagte er zögernd, »aber ihr versteht mich immer falsch! Ich sagte nicht, daß ich das Geheimnis des Glückes kenne. Ich sagte nur, mein Verstand arbeitet an Aufgaben, deren Lösung das Glück der Menschheit fördern wird. Der Weg dahin ist lang, und nicht ich noch ihr werdet sein Ende sehen. Viele Geschlechter werden noch über diesen schweren Fragen brüten!«

Die Leute standen unschlüssig und mißtrauisch. Was redete der Mann? Auch Noah schaute zur Seite und runzelte die Stirn.

Der Hindu lächelte dem Chinesen zu, und als alle andern verlegen schwiegen, sagte der Chinese freundlich: »Liebe Brüder, dieser weiße Vetter ist ein Spaßvogel. Er will uns erzählen, daß in seinem Kopfe eine Arbeit geschieht, deren Ertrag die Urenkel unserer Urenkel vielleicht einmal zu sehen bekommen werden, oder auch nicht. Ich schlage vor, wir anerkennen ihn als Spaßmacher. Er sagt uns Dinge, die wir alle nicht recht verstehen können; aber wir alle ahnen, daß diese Dinge, wenn wir sie wirklich verstünden, uns Gelegenheit zu unendlichem Gelächter geben würden. Geht es euch nicht auch so? – Gut denn, ein Hoch auf unsern Spaßmacher!«

Die meisten stimmten ein und waren froh, diese dunkle Geschichte zu einem Schluß gebracht zu sehen. Einige aber waren ungehalten und verstimmt, und der Europäer blieb allein und ohne Zuspruch stehen.

Der Neger aber, begleitet vom Eskimo, vom Indianer und dem Malaien, kam gegen Abend zu dem Patriarchen und sprach also:

»Verehrter Vater, wir haben eine Frage an dich zu richten. Dieser weiße Bursche, der sich heut über uns lustig gemacht hat, gefällt uns nicht. Ich bitte dich, überlege dir: alle Menschen und Tiere, jeder Bär und jeder Floh, jeder Fasan und jeder Mistkafer sowie wir Menschen, alle haben irgend etwas zu zeigen gehabt, womit wir Gott Ehre darbieten und unser Leben schützen, erhöhen oder verschönen. Wunderliche Gaben haben wir gesehen, und manche waren zum Lachen; aber jedes kleinste Vieh hatte doch irgend etwas Erfreuliches und Hübsches darzubringen – einzig und allein dieser bleiche Mann, den wir zuletzt auffischten, hat nichts zu geben als sonderbare und hochmütige Worte, Anspielungen und Scherze, welche niemand begreift und welche niemand Freude machen können. – Wir fragen dich daher, lieber Vater, ob es wohl richtig ist, daß ein solches Geschöpf mithelfe, ein neues Leben auf dieser lieben Erde zu begründen? Könnte das nicht ein Unheil geben? Sieh ihn doch nur an! Seine Augen sind trüb, seine Stirn ist voller Falten, seine Hände sind blaß und schwächlich, sein Gesicht blickt böse und traurig, kein heller Klang geht von ihm aus! Gewiß, es ist nicht richtig mit ihm – weiß Gott, wer uns diesen Burschen auf unsere Arche geschickt hat!«

Freundlich hob der greise Erzvater seine hellen Augen zu den Fragenden.

»Kinder«, sagte er leise und voll Güte, so daß ihre Mienen sofort lichter wurden, »liebe Kinder! Ihr habt recht, und habt auch unrecht mit dem, was ihr sagt! Aber Gott hat schon seine Antwort darauf gegeben, noch ehe ihr gefragt habt. Ich muß euch zustimmen, der Mann aus dem Kriegslande ist kein sehr anmutiger Gast, und man sieht nicht recht ein, wozu solche Käuze dasein müssen. Aber Gott, der diese Art nun einmal geschaffen hat, weiß gewiß wohl, warum er es tat. Ihr alle habt diesen weißen Männern viel zu verzeihen, sie sind es, die unsere arme Erde wieder einmal bis zum Strafgericht verdorben haben. Aber sehet, Gott hat ein Zeichen dessen gegeben, was er mit dem weißen Manne im Sinne hat. Ihr alle, du Neger und du Eskimo, habt für das neue Erdenleben, das wir bald zu beginnen hoffen, eure lieben Weiber mit, du deine Negerin, du deine Indianerin, du dein Eskimoweib. Einzig der Mann aus Europa ist allein. Lange war ich traurig darüber, nun aber glaube ich, den Sinn davon zu ahnen. Dieser Mann bleibt uns aufbehalten als eine Mahnung und ein Antrieb, als ein Gespenst vielleicht. Fortpflanzen aber kann er sich nicht, es sei denn, er tauche wieder in den Strom der vielfarbigen Menschheit unter. Euer Leben auf der neuen Erde wird er nicht verderben dürfen. Seid getrost!«

Die Nacht brach ein, und am nächsten Morgen stand im Osten spitz und klein der Gipfel des heiligen Berges aus den Wassern. *(1917/18)*

Die Musik des Untergangs

Aus: »Klingsors letzter Sommer«

Der letzte Tag des Juli war gekommen, Klingsors Lieblings-
monat, die hohe Festzeit Li Tai Pes, war verblüht, kam nimmer wieder, Sonnenblumen schrien vom Garten golden ins
Blau empor. Zusammen mit dem treuen Thu Fu pilgerte
Klingsor an diesem Tage durch eine Gegend, die er liebte:
verbrannte Vorstädte, staubige Straßen unter hoher Allee,
rot und orange bemalte Hütten am sandigen Ufer, Lastwa-
gen und Ladeplätze der Schiffe, lange violette Mauern, far-
biges armes Volk. Am Abend dieses Tages saß er am Rand
einer Vorstadt im Staub und malte die farbigen Zelte und
Wagen eines Karussells, am Straßenbord auf kahlem, ver-
sengtem Anger saß er hingekauert, angesogen von den starken Farben der Zelte. Tief biß er sich fest im verschosse-
nen Lila einer Zeltborte, im freudigen Grün und Rot der
schwerfälligen Wohnwagen, in den blau-weiß gestrichnen
Gerüststangen. Grimmig wühlte er im Kadmium, wild im
süßkühlen Kobalt, zog die verfließenden Striche Krapplack
durch den gelb und grünen Himmel. Noch eine Stunde, o,
weniger, dann war Schluß, die Nacht kam, und morgen
begann schon der August, der brennende Fiebermonat,
der so viel Todesfurcht und Bangnis in seine glühenden Becher mischt. Die Sense war geschärft, die Tage neigten sich,
der Tod lachte versteckt im bräunenden Laub. Klinge hell
und schmettre, Kadmium! Prahle laut, üppiger Krapplack!
Lache grell, Zitronengelb! Her mit dir, tiefblauer Berg
der Ferne! An mein Herz ihr, staubgrüne matte Bäume!
Wie seid ihr müd, wie laßt ihr ergebene fromme Äste sinken! Ich trinke euch, holde Erscheinungen! Ich täusche
euch Dauer und Unsterblichkeit vor, ich, der Vergänglich-
ste, der Ungläubigste, der Traurigste, der mehr als ihr alle
an der Angst vor dem Tode leidet. Juli ist verbrannt, August

wird schnell verbrannt sein, plötzlich fröstelt uns aus gelbem Laub am betauten Morgen das große Gespenst entgegen. Plötzlich fegt November über den Wald. Plötzlich lacht das große Gespenst, plötzlich friert uns das Herz, plötzlich fällt uns das liebe rosige Fleisch von den Knochen, in der Wüste heult der Schakal, heiser singt sein verfluchtes Lied der Aasgeier. Ein verfluchtes Blatt der Großstadt bringt mein Bild, und darunter steht: »Vortrefflicher Maler, Expressionist, großer Kolorist, starb am sechzehnten dieses Monats.«

Voll Haß riß er eine Furche Pariserblau unter den grünen Zigeunerwagen. Voll Erbitterung schlug er die Kante Chromgelb auf die Prellsteine. Voll tiefer Verzweiflung setzte er Zinnober in einen ausgesparten Fleck, vertilgte das fordernde Weiß, kämpfte blutend um Fortdauer, schrie hellgrün und neapelgelb zum unerbittlichen Gott. Stöhnend warf er mehr Blau in das fade Staubgrün, flehend zündete er innigere Lichter im Abendhimmel an. Die kleine Palette voll reiner, unvermischter Farben von hellster Leuchtkraft, sie war sein Trost, sein Turm, sein Arsenal, sein Gebetbuch, seine Kanone, aus der er nach dem bösen Tode schoß. Purpur war Leugnung des Todes, Zinnober war Verhöhnen der Verwesung. Gut war sein Arsenal, glänzend stand seine kleine tapfere Truppe, strahlend läuteten die raschen Schüsse seiner Kanonen auf. Es half nichts, alles Schießen war ja vergebens, aber Schießen war doch gut, war Glück und Trost, war noch Leben, war noch Triumphieren.

Thu Fu war gegangen, einen Freund zu besuchen, der dort zwischen Fabrik und Ladeplatz seine Zauberwohnung bewohnte. Nun kam er und brachte ihn mit, den armenischen Sterndeuter.

Klingsor, mit dem Bilde fertig, atmete tief auf, als er die beiden Gesichter bei sich sah, das blonde gute Haar Thu Fus, den schwarzen Bart und den mit weißen Zähnen lächelnden Mund des Magiers. Und da kam mit ihnen auch der Schatten, der lange, dunkle, mit den weit zurückgeflohenen Augen in den tiefen Höhlen. Willkommen auch du, Schatten, lieber Kerl!

»Weißt du, was für ein Tag heut ist?« fragte Klingsor seinen Freund.

»Der letzte Juli, ich weiß.«

»Ich stellte heut ein Horoskop«, sagte der Armenier, »und da sah ich, daß dieser Abend etwas bringen wird. Saturn steht unheimlich, Mars neutral, Jupiter dominiert. Li Tai Pe, sind Sie nicht ein Julikind?«

»Ich bin am zweiten Juli geboren.«

»Ich dachte es. Ihre Sterne stehen verwirrt, Freund, nur Sie selbst können sie deuten. Fruchtbarkeit umgibt Sie wie eine Wolke, die nahe am Bersten ist. Seltsam stehen Ihre Sterne, Klingsor, Sie müssen es fühlen.«

Li packte sein Gerät zusammen. Erloschen war die Welt, die er gemalt hatte, erloschen der gelb und grüne Himmel, ertrunken die blaue helle Fahne, ermordet und verwelkt das schöne Gelb. Er war hungrig und durstig, die Kehle hing ihm voll Staub.

»Freunde«, sagte er herzlich, »wir wollen diesen Abend beisammen bleiben. Wir werden nicht mehr zusammen sein, wir alle vier, ich lese das nicht aus den Sternen, es steht mir im Herzen geschrieben. Mein Julimond ist vorüber, dunkel glühen seine letzten Stunden, in der Tiefe ruft die große Mutter. Nie war die Welt so schön, nie war ein Bild von mir so schön, Wetterleuchten zuckt, Musik des Untergangs ist angestimmt. Wir wollen sie mitsingen, die süße bange Musik, wir wollen hier beisammen bleiben und Wein trinken und Brot essen.«

Neben dem Karussell, dessen Zelt eben abgedeckt und für den Abend gerüstet wurde, standen einige Tische unter Bäumen, eine hinkende Magd ging ab und zu, ein kleines Wirtshaus lag im Schatten. Hier blieben sie und saßen am Brettertisch, Brot wurde gebracht und Wein in die irdenen Schalen geschenkt, unter den Bäumen glommen Lichter auf, drüben begann die Orgel des Karussells zu erdröhnen, heftig warf sie ihre bröckelnde gelle Musik in den Abend.

»Dreihundert Becher will ich heute leeren«, rief Li Tai Pe und stieß mit dem Schatten an. »Sei gegrüßt, Schatten, standhafter Zinnsoldat! Seid gegrüßt, Freunde! Seid gegrüßt, elektrische Lichter, Bogenlampen und funkelnde Pailletten am Karussell! O, daß Louis da wäre, der flüchtige Vogel! Vielleicht ist er uns schon vorausgeflogen in den Himmel. Vielleicht auch kommt er morgen wieder, der alte Schakal, und findet uns nicht mehr und lacht und pflanzt Bogenlampen und Fahnenstangen auf unser Grab.«

Still ging der Magier und holte neuen Wein, froh lächelten seine weißen Zähne aus dem roten Mund.

»Schwermut«, sagte er mit einem Blick zu Klingsor hinüber, »ist eine Sache, die man nicht mit sich tragen sollte. Es ist so leicht – es ist das Werk einer Stunde, einer kurzen intensiven Stunde mit zusammengebissenen Zähnen, dann ist man mit der Schwermut für immer fertig.«

Klingsor sah aufmerksam auf seinen Mund, auf die hellen klaren Zähne, welche einst in einer glühenden Stunde die Schwermut erwürgt und totgebissen hatten. War auch ihm möglich, was dem Sterndeuter möglich gewesen war? O, kurzer süßer Blick in ferne Gärten: Leben ohne Angst, Leben ohne Schwermut! Er wußte, diese Gärten waren ihm unerreichbar. Er wußte, ihm war andres bestimmt, anders blickte zu ihm Saturn herüber, andre Lieder wollte Gott auf seinen Saiten spielen.

»Jeder hat seine Sterne«, sagte Klingsor langsam, »jeder hat seinen Glauben. Ich glaube nur an eines: an den Untergang. Wir fahren in einem Wagen überm Abgrund, und die Pferde sind scheu geworden. Wir stehen im Untergang, wir alle, wir müssen sterben, wir müssen wieder geboren werden, die große Wende ist für uns gekommen. Es ist überall das gleiche: der große Krieg, die große Wandlung in der Kunst, der große Zusammenbruch der Staaten des Westens. Bei uns im alten Europa ist alles das gestorben, was bei uns gut und unser eigen war; unsre schöne Vernunft ist Irrsinn geworden, unser Geld ist Papier, unsre Maschinen können bloß noch schießen und explodieren, unsre Kunst ist Selbstmord. Wir gehen unter, Freunde, so ist es uns bestimmt, die Tonart Tsing Tse ist angestimmt.«

Der Armenier schenkte Wein ein.

»Wie Sie wollen«, sagte er. »Man kann ja sagen, und man kann nein sagen, das ist nur Kinderspiel. Untergang ist etwas, das nicht existiert. Damit Untergang oder Aufgang wäre, müßte es unten und oben geben. Unten und oben aber gibt es nicht, das lebt nur im Gehirn des Menschen, in der Heimat der Täuschungen. Alle Gegensätze sind Täuschungen: weiß und schwarz ist Täuschung, Tod und Leben ist Täuschung, gut und böse ist Täuschung. Es ist das Werk einer Stunde, einer glühenden Stunde mit zusammengebissenen Zähnen, dann hat man das Reich der Täuschungen überwunden.«

Klingsor hörte seiner guten Stimme zu.

»Ich spreche von uns«, gab er Antwort, »ich spreche von Europa, von unsrem alten Europa, das zweitausend Jahre lang das Gehirn der Welt zu sein glaubte. Dies geht unter. Meinst du, Magier, ich kenne dich nicht? Du bist ein Bote aus dem Osten, ein Bote auch an mich, vielleicht ein Spion, vielleicht ein verkleideter Feldherr. Du bist hier, weil hier das Ende beginnt, weil du hier Untergang witterst. Aber wir gehen gerne unter, du, wir sterben gerne, wir wehren uns nicht.«

»Du kannst auch sagen: gerne werden wir geboren«, lachte der Asiate. »Dir scheint es Untergang, mir scheint es vielleicht Geburt. Beides ist Täuschung. Der Mensch, der an die Erde glaubt als an die feststehende Scheibe unterm Himmel, der sieht und glaubt Anfang und Untergang –

und alle, fast alle Menschen glauben an die feste Scheibe! Die Sterne selbst wissen kein Auf und Unter.«

»Sind nicht Sterne untergegangen?« rief Thu Fu.

»Für uns, für unsre Augen.«

Er schenkte die Tassen voll, immer machte er den Schenken, immer war er dienstfertig und lächelte dazu. Er ging mit dem leeren Krug weg, neuen Wein zu holen. Schmetternd schrie die Karussellmusik.

»Gehen wir hinüber, es ist so schön«, bat Thu Fu, und sie gingen hin, standen an der bemalten Barriere, sahen im stechenden Glanz der Pailletten und Spiegel das Karussell im Kreise wüten, hundert Kinder mit den Augen gierig am Glanze hängen. Einen Augenblick fühlte Klingsor tief und lachend das Urtümliche und Negerhafte dieser kreiselnden Maschine, dieser mechanischen Musik, dieser grellen wilden Bilder und Farben, Spiegel und irrsinnigen Schmucksäulen, alles trug Züge von Medizinmann und Schamane, von Zauber und uralter Rattenfängerei, und der ganze wilde wüste Glanz war im Grund nichts andres als der zuckende Glanz des Blechlöffels, den der Hecht für ein Fischlein hält und an dem man ihn herauszieht.

Alle Kinder mußten Karussell fahren. Allen Kindern gab Thu Fu Geld, alle Kinder lud der Schatten ein. In Knäueln umgaben sie die Schenkenden, hingen sich an, flehten, dankten. Ein schönes blondes Mädchen, zwölfjährig, dem gaben sie alle, sie fuhr jede Runde. Im Lichterglanz wehte hold der kurze Rock um ihre schönen Knabenbeine. Ein Knabe weinte. Knaben schlugen sich. Peitschend knallten zur Orgel die Tschinellen, gossen Feuer in den Takt, Opium in den Wein. Lange standen die vier im Getümmel.

Wieder saßen sie dann unterm Baum, in die Tassen goß der Armenier den Wein, schürte Untergag, lächelte hell.

»Dreihundert Becher wollen wir heute leeren«, sang Klingsor; sein verbrannter Schädel glühte gelb, laut schallte sein Gelächter hin; Schwermut kniete, ein Riese, auf seinem zuckenden Herzen. Er stieß an, er pries den Untergang, das Sterbenwollen, die Tonart Tsing Tse. Brausend erscholl die Karussellmusik. Aber innen im Herzen saß Angst, das Herz wollte nicht sterben, das Herz haßte den Tod.

Plötzlich klirrte eine zweite Musik wütend in die Nacht, schrill, hitzig, aus dem Hause her. Im Erdgeschoß, neben dem Kamin, dessen Gesimse voll schön geordneter Weinflaschen stand, knallte ein Maschinenklavier los, Maschinengewehr, wild, scheltend, überstürzt. Leid schrie aus verstimmten Tönen, Rhythmus bog mit schwerer Dampfwalze stöhnende Dissonanzen nieder. Volk war da, Licht, Lärm, Burschen tanzten und Mädchen, auch die hinkende Magd, auch Thu Fu. Er tanzte mit dem blonden kleinen Mädchen, Klingsor sah zu, leicht und hold wehte ihr kurzes Sommerkleid um die dünnen schönen Beine, freundlich lächelte Thu Fus Gesicht, voll Liebe. An der Kaminecke saßen die andern, vom Garten hereingekommen, nah bei der Musik, mitten im Lärm. Klingsor sah Töne, hörte Farben. Der Magier nahm Flaschen vom Kamin, öffnete, schenkte ein. Hell stand sein Lächeln auf dem braunen klugen Gesicht. Furchtbar donnerte die Musik im niedern Saal. In die Reihe der alten Flaschen überm Kamin brach der Armenier langsam eine Bresche, wie ein Tempelräuber Kelch um Kelch die Geräte eines Altars wegnimmt.

»Du bist ein großer Künstler«, flüsterte der Sterndeuter Klingsor zu, indem er seine Tasse füllte. »Du bist einer der größten Künstler dieser Zeit. Du hast das Recht, dich Li Tai Pe zu nennen. Aber du bist, Li Tai, du bist ein gehetzter, armer, ein gepeinigter und angstvoller Mensch. Du hast die Musik des Untergangs angestimmt, du sitzt singend in deinem brennenden Haus, das du selber angezündet hast, und es ist dir nicht wohl dabei, Li Tai Pe, auch wenn du jeden Tag dreihundert Becher leerst und mit dem Mond anstößt. Es ist dir nicht wohl dabei, es ist dir sehr weh dabei, Sänger des Untergangs, willst du nicht innehalten? Willst du nicht leben? Willst du nicht fortdauern?«

Klingsor trank und flüsterte mit seiner etwas heisern Stimme zurück: »Kann man denn Schicksal wenden? Gibt es denn Freiheit des Wollens? Kannst denn du, Sterndeuter, meine Sterne anders lenken?«

»Nicht lenken, nur deuten kann ich sie. Lenken kannst nur du dich selbst. Es gibt Freiheit des Wollens. Sie heißt Magie.«

»Warum soll ich Magie treiben, wenn ich Kunst treiben kann? Ist Kunst nicht ebenso gut?«

»Alles ist gut. Nichts ist gut. Magie hebt Täuschungen auf. Magie hebt jene schlimmste Täuschung auf, die wir ›Zeit‹ heißen.«

»Tut das die Kunst nicht auch?«

»Sie versucht es. Ist dein gemalter Juli, den du in deinen Mappen hast, dir genug? Hast du Zeit aufgehoben? Bist du ohne Angst vor dem Herbst, vor dem Winter?«

Klingsor seufzte und schwieg, schweigend trank er, schweigend füllte der Magier seine Tasse. Irrsinnig tobte die entfesselte Klaviermaschine, zwischen den Tanzenden schwebte engelhaft Thu Fus Gesicht. Der Juli war zu Ende.

Klingsor spielte mit den leeren Flaschen auf dem Tisch, ordnete sie im Kreise.

»Dies sind unsre Kanonen«, rief er, »mit diesen Kanonen schießen wir die Zeit kaputt, den Tod kaputt, das Elend kaputt. Auch mit Farben habe ich auf den Tod geschossen, mit dem feurigen Grün, mit dem knallenden Zinnober, mit dem süßen Geraniumlack. Oft habe ich ihn auf den Schädel getroffen, Weiß und Blau habe ich ihm ins Auge gejagt. Oft habe ich ihn in die Flucht geschlagen. Noch oft werde ich ihn treffen, ihn besiegen, ihn überlisten. Seht den Armenier, wieder öffnet er eine alte Flasche, und die eingeschlossene Sonne vergangener Sommer schießt uns

ins Blut. Auch der Armenier hilft uns, auf den Tod zu schießen, auch der Armenier weiß keine andere Waffe gegen
den Tod.«

Der Magier brach Brot und aß.

»Gegen den Tod brauche ich keine Waffe, weil es keinen Tod gibt. Es gibt aber eines: Angst vor dem Tod. Die
kann man heilen, gegen die gibt es eine Waffe. Es ist die
Sache einer Stunde, die Angst zu überwinden. Aber Li Tai
Pe will nicht. Li liebt ja den Tod, er liebt ja seine Angst
vor dem Tode, seine Schwermut, sein Elend, nur die Angst
hat ihn ja all das gelehrt, was er kann und wofür wir ihn
lieben.«

Spöttisch stieß er an, seine Zähne blitzten, immer hei-
terer ward sein Gesicht, Leid schien ihm fremd. Niemand
gab Antwort. Klingsor schoß mit der Weinkanone gegen
den Tod. Groß stand der Tod vor den offenen Türen des
Saales, der von Menschen, Wein und Tanzmusik geschwol-
len war. Groß stand der Tod vor den Türen, leise rüttelte
er am schwarzen Akazienbaum, finster stand er im Garten
auf der Lauer. Alles war draußen voll Tod, voll von Tod;
nur hier im engen schallenden Saal ward noch gekämpft,
ward noch herrlich und tapfer gekämpft gegen den schwarzen Belagerer, der nah durch die Fenster greinte.

Spöttisch blickte der Magier über den Tisch, spöttisch
schenkte er die Schalen voll. Viele Schalen schon hatte Klingsor zerbrochen, neue hatte er ihm gegeben. Viel hatte auch
der Armenier getrunken, aber aufrecht saß er wie Klingsor.

»Laß uns trinken, Li«, höhnte er leise. »Du liebst ja den
Tod, gerne willst du ja untergehen, gerne den Tod sterben.
Sagtest du nicht so, oder habe ich mich getäuscht – oder
hast du mich und dich selber am Ende getäuscht? Laß uns
trinken, Li, laß uns untergehen!«

Zorn quoll in Klingsor empor. Auf stand er, stand aufrecht und hoch, der alte Sperber mit dem scharfen Kopf,

spie in den Wein, zerschmiß seine volle Tasse am Boden. Weithin spritzte der rote Wein in den Saal, die Freunde wurden bleich, fremde Menschen lachten.

Aber schweigend und lächelnd holte der Magier eine neue Tasse, schenkte sie lächelnd voll, bot sie lächelnd Li Tai an. Da lächelte Li, da lächelte auch er. Über sein verzerrtes Gesicht lief das Lächeln wie Mondlicht.

»Kinder«, rief er, »laßt diesen Fremdling reden! Er weiß viel, der alte Fuchs, er kommt aus einem versteckten und tiefen Bau. Er weiß viel, aber er versteht uns nicht. Er ist zu alt, um Kinder zu verstehen. Er ist zu weise, um Narren zu verstehen. Wir, wir Sterbenden, wissen mehr vom Tod als er. Wir sind Menschen, nicht Sterne. Seht da meine Hand, die eine kleine blaue Schale voll Wein hält! Sie kann viel, diese Hand, diese braune Hand. Sie hat mit vielen Pinseln gemalt, sie hat neue Stücke der Welt aus dem Finstern gerissen und vor die Augen der Menschen gestellt. Diese braune Hand hat viele Frauen unterm Kinn gestreichelt, und hat viele Mädchen verführt, viel ist sie geküßt worden, Tränen sind auf sie gefallen, ein Gedicht hat Thu Fu auf sie gedichtet. Diese liebe Hand, Freunde, wird bald voll Erde und voll Maden sein, keiner von euch würde sie mehr anrühren. Wohl, eben darum liebe ich sie. Ich liebe meine Hand, ich liebe meine Augen, ich liebe meinen weißen, zärtlichen Bauch, ich liebe sie mit Bedauern und mit Spott und mit großer Zärtlichkeit, weil sie alle so bald verwelken und verfaulen müssen. Schatten, du dunkler Freund, alter Zinnsoldat auf dem Grabe Andersens, auch dir ergeht es so, lieber Kerl! Stoß mit mir an, unsre lieben Glieder und Eingeweide sollen leben!«

Sie stießen an, dunkel lächelte der Schatten aus seinen tiefen Höhlenaugen – und plötzlich ging etwas durch den Saal, wie ein Wind, wie ein Geist. Verstummt war unversehens die Musik, plötzlich, wie erloschen, weggeflossen waren die Tänzer, von der Nacht verschlungen, und die

Hälfte der Lichter war verlöscht. Klingsor blickte nach den schwarzen Türen. Draußen stand der Tod. Er sah ihn stehen. Er roch ihn. Wie Regentropfen in Landstraßenstaub, so roch der Tod.

Da rückte Li die Schale von sich weg, stieß den Stuhl von sich und ging langsam aus dem Saal, in den dunklen Garten hinaus und fort, im Finstern, Wetterleuchten überm Haupt, allein. Schwer lag ihm das Herz in der Brust, wie der Stein auf einem Grab. *(1919)*

König Yu
Eine Geschichte aus dem alten China

Nicht häufig sind in der alten chinesischen Geschichte die Beispiele von Regenten und Staatsmännern, welche ihren Untergang dadurch fanden, daß sie unter den Einfluß eines Weibes und einer Verliebtheit gerieten. Eins dieser seltenen Beispiele, ein sehr merkwürdiges, ist das des Königs Yu von Dschou und seiner Frau Bau Si.

Das Land Dschou stieß im Westen an die Länder der mongolischen Barbaren, und seine Residenz Fong lag mitten in einem unsichern Gebiet, das von Zeit zu Zeit den Überfällen und Raubzügen jener Barbarenstämme ausgesetzt war. Darum mußte daran gedacht werden, den Grenzschutz möglichst zu verstärken und namentlich die Residenz besser zu schützen.

Von König Yu nun, der kein schlechter Staatsmann war und auf gute Ratgeber zu hören wußte, berichten uns die Geschichtsbücher, daß er es verstand, durch sinnreiche Einrichtungen die Nachteile seiner Grenze auszugleichen, daß aber alle diese sinnreichen und bewundernswerten Einrichtungen durch die Launen einer hübschen Frau wieder zunichte gemacht wurden.

Der König nämlich richtete mit Hilfe aller seiner Lehnsfürsten an der Westgrenze einen Grenzschutz ein, und dieser Grenzschutz hatte gleich allen politischen Gebilden eine doppelte Gestalt: eine moralische nämlich und eine mechanische. Die moralische Grundlage des Übereinkommens war der Schwur und die Zuverlässigkeit der Fürsten und ihrer Beamten, deren jeder sich verpflichtete, sofort auf den ersten Notruf hin mit seinen Soldaten der Residenz und dem König zu Hilfe zu eilen. Die Mechanik aber, deren der König sich bediente, bestand in einem wohlausgedachten System von Türmen, die er an seiner Westgrenze bauen ließ. Auf jedem dieser Türme sollte Tag und Nacht Wachdienst getan werden, und die Türme waren mit sehr starken Trommeln ausgerüstet. Geschah nun an irgendeiner Stelle der Grenze ein feindlicher Einbruch, so schlug der nächste Turm seine Trommel, und von Turm zu Turm flog das Trommelzeichen in kürzester Zeit durch das ganze Land.

Lange Zeit war König Yu mit dieser klugen und verdienstvollen Einrichtung beschäftigt, hatte Unterredungen mit seinen Fürsten, hörte die Berichte der Baumeister, ordnete das Einexerzieren des Wachdienstes an.

Nun hatte er aber eine Lieblingsfrau mit Namen Bau Si, eine schöne Frau, die es verstand, sich mehr Einfluß auf Herz und Sinn des Königs zu verschaffen, als für einen Herrscher und sein Reich gut ist. Bau Si verfolgte gleich ihrem Herrn die Arbeiten an der Grenze mit großer Neugier und Teilnahme, so wie zuweilen ein lebhaftes und kluges Mädchen den Spielen der Knaben mit Bewunderung und Eifer zusieht. Einer der Baumeister hatte ihr, um die Sache recht anschaulich zu machen, von dem Grenzschutz ein zierliches Modell aus Ton verfertigt, bemalt und gebrannt; da war die Grenze dargestellt und das System von Türmen, und in jedem der kleinen zierlichen Tontürme stand ein unendlich kleiner tönerner Wächter, und statt der Trommel war ein kleinwinziges Glöckchen eingehängt. Dieses hübsche Spielzeug machte der Königsfrau unendliches Vergnügen, und wenn sie zuweilen schlechter Laune war, so schlugen ihre Dienerinnen ihr meistens vor, »Barbarenüberfall« zu spielen. Dann stellten sie alle die Türmchen auf, zogen an den Zwergglöckchen und wurden dabei sehr vergnügt und ausgelassen.

Es war ein großer Tag in des Königs Leben, als endlich die Bauten fertig, die Trommeln aufgestellt und ihre Bediener eingedrillt waren und als nun nach vorheriger Verabredung an einem glückbringenden Kalendertag der neue

Grenzschutz auf die Probe gestellt wurde. Der König, stolz auf seine Taten, war voll Spannung; die Hofbeamten standen zum Glückwunsch bereit, am meisten von allen aber war die schöne Frau Bau Si in Erwartung und Aufregung und konnte es kaum erwarten, bis alle vorbereitenden Zeremonien und Anrufungen vollendet waren.

Endlich war es soweit, und es sollte zum erstenmal im Großen und in Wirklichkeit jenes Turm- und Trommelspiel gespielt werden, das der Königsfrau so oft Vergnügen bereitet hatte. Kaum konnte sie sich zurückhalten, selbst in das Spiel einzugreifen und Befehle zu geben, so groß war ihre freudige Erregung. Mit ernstem Gesicht gab ihr der König einen Wink, und sie beherrschte sich. Die Stunde war gekommen; es sollte nun im Großen und mit wirklichen Türmen, mit wirklichen Trommeln und Menschen »Barbarenüberfall« gespielt werden, um zu sehen, wie alles sich bewährte. Der König gab das Zeichen, der erste Hofbeamte übergab den Befehl dem Hauptmann der Reiterei, der Hauptmann ritt vor den ersten Wachturm und gab Befehl, die Trommel zu rühren. Gewaltig dröhnte der tiefe Trommelton, feierlich und tief beklemmend rührte der Klang an jedes Ohr. Bau Si war vor Erregung bleich geworden und fing zu zittern an. Gewaltig sang die große Kriegstrommel ihren rauhen Erdbebengesang, einen Gesang voll Mahnung und Drohung, voll von Zukünftigem, von Krieg und Not, von Angst und Untergang. Alle hörten ihn mit Ehrfurcht. Nun begann er zu verklingen, da hörte man vom nächsten Turm die Antwort, fern und schwach und rasch ersterbend, und dann hörte man nichts mehr, und nach einer kleinen Weile nahm das feierliche Schweigen ein Ende, man sprach wieder, man ging auf und ab und begann sich zu unterhalten.

Unterdessen lief der tiefe, drohende Trommelklang vom zweiten zum dritten und zehnten und dreißigsten Turm, und wo er hörbar wurde, mußte nach strengem Befehl jeder Soldat alsbald bewaffnet und mit gefülltem Brotbeutel am Treffpunkt antreten, mußte jeder Hauptmann und Oberst, ohne einen Augenblick zu verlieren, den Abmarsch rüsten und aufs äußerste beschleunigen, mußte gewisse vorbestimmte Befehle ins Innere des Landes senden. Überall wo der Trommelklang gehört worden war, wurden Arbeit und Mahlzeit, Spiel und Schlaf unterbrochen, wurde gepackt, wurde gesattelt, gesammelt, marschiert und geritten. In kürzester Frist waren aus allen Nachbarbezirken eilige Truppen unterwegs zur Residenz Fong.

In Fong, inmitten des Hofes, hatte die Ergriffenheit und Spannung, welche beim Ertönen der furchtbaren Trommel sich jedes Gemüts bemächtigt hatte, bald wieder nachgelassen. Angeregt und plaudernd bewegte man sich in den Gärten der Residenz, die ganze Stadt hatte Feiertag, und als nach weniger als drei Stunden schon von zwei Seiten her kleine und größere Kavalkaden sich näherten, und dann von Stunde zu Stunde neue eintrafen, was den ganzen Tag und die beiden folgenden Tage andauerte, ergriff den König, die Beamten und Offiziere eine immer wachsende Begeisterung. Der König wurde mit Ehrungen und Glückwünschen überhäuft, die Baumeister bekamen ein Gastmahl, und der Trommler von Turm I, der den ersten Trommelschlag getan hatte, wurde vom Volk bekränzt, in den Straßen umhergeführt und von jedermann beschenkt.

Völlig hingerissen und wie berauscht aber war jene Frau des Königs, Bau Si. Herrlicher als sie es sich je vorzustellen vermocht hatte, war ihr Türmchen-und-Glöckchen-Spiel Wirklichkeit geworden. Magisch war der Befehl, gehüllt in die weite Tonwelle des Trommelklangs, in das leere Land hinein entschwunden; und lebendig, lebensgroß, ungeheuer kam seine Wirkung aus den Fernen zurückgeströmt, aus dem herzbeklemmenden Geheul jener Trommel war ein Heer geworden, ein Heer von wohlbewaffneten Hunderten und Tausenden, die in stetigem Strom, in stetiger eiliger Bewegung vom Horizont her geritten und marschiert kamen: Bogenschützen, leichte und schwere Reiter, Lanzenträger erfüllten mit zunehmendem Getümmel allmählich allen Raum rund um die Stadt herum, wo sie empfangen und an ihre Standorte gewiesen, wo sie begrüßt und bewirtet wurden, wo sie sich lagerten, Zelte aufschlugen und Feuer anzündeten. Tag und Nacht dauerte es an, wie ein Märchenspuk kamen sie aus dem grauen Erdboden heraus, fern, winzig, in Staubwölkchen gehüllt, um zuletzt hier, dicht vor den Augen des Hofes und der entzückten Bau Si, in überwältigender Wirklichkeit aufgereiht zu stehen.

König Yu war sehr zufrieden, und besonders zufrieden war er mit dem Entzücken seiner Lieblingsfrau; sie strahlte vor Glück wie eine Blume und war ihm noch niemals so schön erschienen.

Feste haben keine Dauer. Auch dies große Fest verklang und wich dem Alltag; keine Wunder geschahen mehr, keine Märchenträume wurden erfüllt. Müßigen und launischen Menschen scheint dies unerträglich. Bau Si verlor einige Wochen nach dem Fest alle ihre gute Laune wieder. Das kleine Spiel mit den tönernen Türmchen und den an Bindfäden gezogenen Glöcklein war so fad geworden, seit sie das große Spiel gekostet hatte. O wie berauschend war das gewesen! Und da lag nun alles bereit, das beseligende Spiel zu wiederholen; da standen die Türme und hingen die Trommeln, da zogen die Soldaten auf Wache und saßen die Trommler in ihren Uniformen, alles wartend, alles auf den großen Befehl gespannt, und alles tot und unnütz, solange der Befehl nicht kam!

Bau Si verlor ihr Lachen, sie verlor ihre strahlende Laune; mißmutig sah der König sich seiner liebsten Gespielin, seines Abendtrostes beraubt. Er mußte seine Geschenke aufs höchste steigern, um nur ein Lächeln bei ihr erreichen zu können. Es wäre nun der Augenblick für ihn gewesen, die Lage zu erkennen und die kleine süße Zärtlichkeit seiner Pflicht zu opfern. Yu aber war schwach. Daß Bau Si wieder lache, schien ihm wichtiger als alles andre.

So erlag er ihrer Versuchung, langsam und unter Widerstand, aber er erlag. Bau Si brachte ihn so weit, daß er seine Pflicht vergaß. Tausendmal wiederholten Bitten erliegend, erfüllte er ihr den einzigen großen Wunsch ihres Herzens; er willigte ein, der Grenzwache das Signal zu geben, als sei der Feind in Sicht. Alsbald erklang die tiefe, erregende Stimme der Kriegstrommel. Furchtbar schien sie diesmal dem König zu tönen, und auch Bau Si erschrak bei dem Klang. Dann aber wiederholte sich das ganze entzückende Spiel: es tauchten am Rand der Welt die kleinen Staubwolken auf, es kamen die Truppen geritten und marschiert, drei Tage lang, es verneigten sich die Feldherrn, es schlugen die Soldaten ihre Zelte auf. Bau Si war selig, ihr Lachen strahlte. König Yu aber hatte schwere Stunden. Er mußte bekennen, daß kein Feind ihn überfallen habe, daß alles ruhig sei. Er suchte zwar den falschen Alarm zu rechtfertigen, indem er ihn als eine heilsame Übung erklärte. Es wurde ihm nicht widersprochen, man verbeugte sich und nahm es hin. Aber es sprach sich unter den Offizieren herum, man sei auf einen treulosen Streich des Königs hereingefallen, nur seiner Buhlfrau zuliebe habe er die ganze Grenze alarmiert und sie alle in Bewegung gesetzt, alle die Tausende. Und die meisten Offiziere wurden unter sich einig, einem solchen Befehl künftig nicht mehr zu folgen. Inzwischen gab der König sich Mühe, den verstimmten Truppen durch reichliche Bewirtung die Laune zu heilen. So hatte Bau Si ihr Ziel erreicht.

Noch ehe sie aber von neuem in Launen verfallen und das gewissenlose Spiel abermals erneuern konnte, traf ihn und sie die Strafe. Die Barbaren im Westen, vielleicht zufällig, vielleicht auch weil die Kunde von jener Geschichte zu ihnen gedrungen war, kamen eines Tages plötzlich in großen Schwärmen über die Grenze geritten. Unverzüglich gaben die Türme ihr Zeichen, dringlich mahnte der tiefe Trommelklang und lief bis zur fernsten Grenze. Aber das vortreffliche Spielzeug, dessen Mechanik so sehr zu bewundern war, schien jetzt zerbrochen zu sein – wohl tönten die Trommeln, nichts aber tönte diesmal in den Herzen der Soldaten und Offiziere des Landes. Sie folgten der Trommel nicht, und vergebens spähte der König mit Bau Si nach allen Seiten; nirgends erhoben sich Staubwolken, nirgendher kamen die kleinen grauen Züge gekrochen, niemand kam ihm zu Hilfe.

Mit den wenigen Truppen, welche gerade vorhanden waren, eilte der König den Barbaren entgegen. Aber diese waren in großer Zahl; sie schlugen die Truppen, sie nahmen die Residenz Fong ein, sie zerstörten den Palast, zerstörten die Türme. König Yu verlor sein Reich und sein Leben, und nicht anders erging es seiner Lieblingsfrau Bau Si, von deren verderblichem Lachen noch heute die Geschichtsbücher erzählen.

Fong wurde zerstört, das Spiel war Ernst geworden. Es gab kein Trommelspiel mehr, und keinen König Yu, und keine lächelnde Frau Bau Si. Yus Nachfolger, König Ping, fand keinen andern Ausweg, als daß er Fong aufgab und die Residenz weit nach Osten verlegte; er mußte die künftige Sicherheit seiner Herrschaft durch Bündnisse mit Nachbarfürsten und durch Abtretung großer Landstrecken an diese erkaufen. *(1929)*

Der ältere Bruder

Aus: »Das Glasperlenspiel«

Josef Knecht bevorzugte, soweit dies irgend möglich war, solche Orte, an welchen er allein oder nur mit ganz wenigen zusammen arbeiten konnte, und einigen dieser Orte hat er eine dankbare Anhänglichkeit bewahrt. Häufig weilte er in Monteport, manchmal als Gast des Musikmeisters, manchmal als Teilnehmer an einem musikgeschichtlichen Seminar. Zweimal finden wir ihn in Hirsland, dem Sitz der Ordensleitung, als Teilnehmer an der »großen Übung«, dem zwölftägigen Fasten und Meditieren. Mit besonderer Freude, ja Zärtlichkeit erzählte er später seinen Nächsten vom »Bambusgehölz«, der lieblichen Eremitage, dem Schauplatz seiner I-Ging-Studien. Hier hat er nicht nur Entscheidendes gelernt und erlebt, er fand hier auch, von einer wunderbaren Ahnung oder Führung geleitet, eine einzigartige Umgebung und einen ungewöhnlichen Menschen, nämlich den sogenannten »Älteren Bruder«, den Schöpfer und Bewohner der chinesischen Eremitage Bambusgehölz. Es scheint uns angezeigt, diese merkwürdigste Episode seiner Studienzeit etwas eingehender zu schildern.

Knecht hatte das Studium der chinesischen Sprache und der Klassiker in dem berühmten ostasiatischen Lehrhaus begonnen, das seit Generationen der Schulsiedlung der Altphilologen, Sankt Urban, angegliedert war. Er hatte daselbst rasche Fortschritte im Lesen und Schreiben gemacht, sich auch mit einigen dort arbeitenden Chinesen befreundet und eine Anzahl der Lieder des Schi King auswendig gelernt, als er im zweiten Jahr seines Aufenthaltes sich immer intensiver für das I Ging, das Buch der Wandlungen, zu interessieren anfing. Die Chinesen gaben ihm auf sein Drängen zwar allerlei Auskünfte, doch keine Einführung, ein Lehrer dafür war im Lehrhaus nicht vorhanden, und als Knecht immer wieder sein Anliegen vorbrachte, man möge ihm einen Lehrer für eine gründliche Beschäftigung mit dem I Ging verschaffen, erzählte man ihm vom »Älteren Bruder« und seiner Einsiedelei. Knecht hatte schon seit einer Weile wohl bemerkt, daß er mit seinem Interesse für das Buch der Wandlungen in ein Gebiet ziele, von dem man im Lehrhaus wenig wissen wollte, er wurde vorsichtiger in seinen Erkundigungen, und wie er sich nun des weiteren um Auskünfte über den sagenhaften Älteren Bruder bemühte, blieb ihm nicht verborgen, daß dieser Eremit zwar eine gewisse Achtung, ja einen Ruhm genoß, jedoch mehr den eines kauzigen Outsiders als den eines Gelehrten. Er spürte, daß er sich hier selbst helfen müsse, brachte eine begonnene Seminararbeit so bald wie möglich zum Abschluß und empfahl sich. Zu Fuß machte er sich auf den Weg nach der Gegend, in welcher jener Geheimnisvolle einst sein Bambusgehölz angelegt hatte, vielleicht ein Weiser und Meister, vielleicht ein Narr. Er hatte über ihn etwa so viel in Erfahrung gebracht: der Mann war vor etwa fünfundzwanzig Jahren der hoffnungsvollste Student der chinesischen Abteilung gewesen, er schien für diese Studien geboren und berufen zu sein, übertraf die besten Lehrer, seien sie nun Chinesen von Geburt oder Abendländer, in der Technik des Pinselschreibens und des Entzifferns alter Schriften, fiel jedoch ein wenig auf durch den Eifer, mit dem er sich auch äußerlich zum Chinesen zu machen suchte. So redete er alle Vorgesetzten, vom Leiter eines Seminars bis zu den Meistern hinauf, hartnäckig nicht mit ihren Titeln und dem vorschriftsmäßigen Ihr an, wie alle Studenten es taten, sondern mit der Anrede »Mein älterer Bruder«, welche Bezeichnung schließlich für immer als Spottname an ihm selbst hängenblieb. Besondere Sorgfalt widmete er dem Orakelspiel des I Ging, dessen Handhabung mit Hilfe der traditionellen Schafgarbenstengel er meisterhaft übte. Nächst den alten Kommentaren zum

Orakelbuch war sein Lieblingsbuch das des Dschuang Dsie. Offenbar war der rationalistische und eher antimystische, streng konfuzianisch sich gebende Geist in der chinesischen Abteilung des Lehrhauses, wie Knecht ihn kennengelernt hatte, schon damals zu spüren gewesen, denn der Ältere Bruder verließ eines Tages das Institut, das ihn als Fachlehrer gern behalten hätte, und begab sich auf Wanderung, ausgerüstet mit Pinsel, Tuscheschale und zwei, drei Büchern. Er suchte den Süden des Landes auf, war bald da, bald dort bei Ordensbrüdern zu Gast, suchte und fand den geeigneten Ort für die von ihm geplante Einsiedelei, erwarb in hartnäckigen Eingaben und mündlichen Vorstellungen von den weltlichen Behörden sowohl wie vom Orden das Recht, diesen Ort als Siedler zu bepflanzen, und lebte seither dort in einer streng altchinesisch eingerichteten Idylle, bald als Kauz belächelt, bald als eine Art Heiliger verehrt, mit sich und der Welt im Frieden, seine Tage mit Meditation und dem Abschreiben alter Schriftrollen hinbringend, soweit nicht die Arbeit an seinem Bambusgehölz, das einen sorgfältig angelegten chinesischen Kleingarten vor dem Nordwind schützte, ihn in Anspruch nahm.

Dorthin also wanderte Josef Knecht, mit häufigen Rasten und von der Landschaft entzückt, die ihm nach der Übersteigung der Bergpässe von Süden blau und duftig entgegenblickte, mit sonnigen Rebenterrassen, braunem Gemäuer voll Eidechsen, würdigen Kastanienhainen, eine würzige Mischung aus Südland und Hochgebirge. Es war Spätnachmittag, als er das Bambusgehölz erreichte; er trat ein und sah mit Erstaunen ein chinesisches Gartenhaus inmitten eines wunderlichen Gartens stehen, ein Brunnen plätscherte aus hölzerner Röhre, das in einem Kieselbett abfließende Wasser füllte nahebei ein gemauertes Becken, in dessen Ritzen vielerlei Grün wucherte und in dessen stillklarem Wasser ein paar Goldkarpfen schwammen. Friedlich und zart wiegten sich die Bambusfahnen über den schlanken, starken Schäften, der Rasen war von Steinplatten unterbrochen, auf welchen Inschriften im klassischen Stil zu lesen waren. Ein schmächtiger Mann, in graugelbes Leinen gekleidet, mit einer Brille über blauen abwartenden Augen, erhob sich von einem Blumenbeet, über dem er kauernd verweilt hatte, kam langsam auf den Besucher zu, nicht unfreundlich, aber mit jener etwas linkischen Scheu, wie Zurückgezogene und Alleinlebende sie manchmal an sich haben, richtete den Blick fragend auf Knecht und wartete, was er zu sagen habe. Dieser sprach nicht ohne Befangenheit die chinesischen Worte, die er sich zur Begrüßung ausgedacht hatte: »Der junge Schüler erlaubt sich, dem Älteren Bruder seine Aufwartung zu machen.«

»Der wohlerzogene Gast ist willkommen«, sagte der Ältere Bruder, »stets sei ein junger Kollege mir zu einer Schale Tee und einem kleinen erfreulichen Gespräch willkommen, und auch ein Nachtlager findet sich für ihn, wenn ihm dies erwünscht ist.«

Knecht machte Kotao und dankte, wurde in das Häuschen geführt und mit Tee bewirtet; es wurde ihm alsdann der Garten gezeigt, die Steine mit den Inschriften, der Teich, die Goldfische, deren Alter ihm genannt wurde. Bis zum Abendessen saß man unter dem wehenden Bambus, tauschte Höflichkeiten, Liederverse und Sprüche aus den Klassikern, betrachtete Blumen und genoß das rosig an den Bergzügen verblühende Abendlicht. Darauf kehrte man ins Haus zurück, der Ältere Bruder trug Brot und Früchte auf, buk auf winzigem Herde je einen vortrefflichen Pfannkuchen für sich und den Gast, und als sie gegessen hatten, wurde der Student nach dem Zweck seines Besuches gefragt, auf deutsch, und auf deutsch erzählte er, wie er hierhergekommen und was sein Anliegen sei, nämlich so lange hierzubleiben, als der Ältere Bruder erlaube, und sein Schüler zu sein.

»Wir sprechen morgen darüber«, sagte der Eremit und

bot dem Gast ein Lager an. Am Morgen dann setzte sich Knecht ans Wasser zu den Goldfischen, blickte in die kleine kühle Welt von Dunkel und Licht und zauberisch spielenden Farben hinab, wo in dem dunkel Grünblauen und tintig Finstren sich die Leiber der Goldenen wiegten und dann und wann, eben wenn die ganze Welt verzaubert und für immer entschlafen und in Traumbann verfallen schien, mit einer sanft elastischen und doch erschreckenden Bewegung Blitze von Kristall und Gold durch das Schlafdunkel schickten. Er blickte hinab, mehr und mehr versinkend, mehr träumend als kontemplierend, und fühlte es nicht, als der Ältere Bruder mit leisen Schritten aus dem Hause kam, stehenblieb und seinen so versunkenen Gast lange betrachtete. Als Knecht endlich die Versunkenheit abschüttelnd sich erhob, war jener nicht mehr da, aber alsbald lud aus dem Innern seine Stimme zum Tee. Sie wechselten einen kurzen Gruß, tranken Tee, saßen und hörten durch die Morgenstille den kleinen Wasserstrahl des Brunnens klingen, Melodie der Ewigkeit. Dann stand der Eremit auf, machte sich da und dort in der unregelmäßig gebauten Stube zu schaffen, blickte zwischenein blinzelnd zu Knecht hinüber und fragte plötzlich: »Bist du bereit, deine Schuhe anzuziehen und wieder fortzuwandern?«

Knecht zögerte, dann sagte er: »Wenn es so sein muß, bin ich bereit.«

»Und sollte es sich fügen, daß du eine kleine Weile hier bleibst, bist du dann bereit, Gehorsam zu leisten und dich so still zu halten wie ein Goldfisch?« Wieder bejahte der Student.

»Es ist gut«, sagte der Ältere Bruder. »Nun werde ich die Stäbchen legen und das Orakel befragen.«

Während Knecht saß und mit ebenso großer Ehrfurcht wie Neugierde zuschaute, sich still haltend »wie ein Goldfisch«, holte jener aus einem hölzernen Becher, einer Art von Köcher vielmehr, eine Handvoll Stäbchen; es waren

Schafgarbenstengel, die zählte er aufmerksam durch, tat einen Teil des Bündels wieder in das Gefäß zurück, legte einen Stengel beiseite, teilte die andern in zwei gleich große Bündel, behielt das eine in der linken Hand, nahm mit der rechten, mit spitzen empfindsamen Fingern, winzig kleine Bündelchen aus dem andern, zählte sie, legte sie beiseite, bis einige wenige Stengel übrigblieben, die er zwischen zwei Finger der Linken klemmte.

Nachdem er so das eine Bündel nach ritueller Zählung auf einige Stengel reduziert hatte, nahm er mit dem andern die gleiche Prozedur vor. Er legte die ausgezählten Stengel ab, nahm beide Bündel, eines nach dem andern, aufs neue durch, zählte, klemmte kleine Bündelreste zwischen zwei Finger, und dies alles taten die Finger mit einer sparsamen, stillen Behendigkeit, es sah aus wie ein geheimes, von strengen Regeln beherrschtes, tausendmal geübtes und zur virtuosen Fertigkeit gewordenes Geschicklichkeitsspiel.

Nachdem er es mehrmals durchgespielt hatte, waren drei kleine Bündelchen übriggeblieben, aus den Zahlen ihrer Stengel las er ein Zeichen ab, das malte er mit spitzem Pinsel auf ein kleines Blatt. Nun begann der ganze komplizierte Vorgang von neuem, die Stäbchen wurden in zwei gleiche Bündel geteilt, es wurde gezählt, es wurden Stäbchen weggelegt, Stäbchen zwischen die Finger gesteckt, bis am Ende wieder drei winzige Bündelchen blieben, deren Ergebnis ein zweites Zeichen war.

Tänzerisch bewegt, mit einem ganz leisen trockenen Klappern, schlugen die Stengel aneinander, wechselten ihre Plätze, bildeten Bündel, wurden getrennt, wurden neu abgezählt, rhythmisch mit gespenstischer Sicherheit bewegten sich die Stäbchen. Am Ende jedes Vorgangs schrieb der Finger ein Zeichen nieder, und zuletzt standen die positiven und negativen Zeichen in sechs Zeilen übereinander. Die Stengel wurden gesammelt und sorgfältig in ihren Behälter zurückgestellt, der Magier hockte am Boden auf schilfener

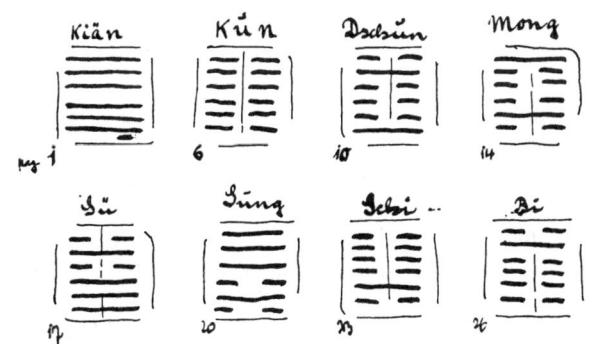

Von Hesse angefertigte Bilder des *I Ging* (die Zahlen
unterhalb der Symbole kennzeichnen die Seitenzahl in
Richard Wilhelms Übertragung des *I Ging*)

Matte und hatte vor sich das Ergebnis des Orakelsuchens
auf seinem Blatte stehen, das er lange still betrachtete.

»Es ist das Zeichen Mong«, sagte er. »Dies Zeichen hat
den Namen: Jugendtorheit. Oben der Berg, unten das Wasser, oben Gen, unten Kan. Unten am Berge entspringt die
Quelle, Gleichnis der Jugend. Das Urteil aber lautet:

> ›Jugendtorheit hat Gelingen.
> Nicht ich suche den jungen Toren,
> Der junge Tor sucht mich.
> Beim ersten Orakel gebe ich Auskunft.
> Fragt er mehrmals, ist es Belästigung.
> Wenn er belästigt, so gebe ich keine Auskunft.
> Fördernd ist Beharrlichkeit.‹«

Knecht hatte vor aufmerksamer Spannung den Atem ange-
halten. In der entstehenden Stille seufzte er unwillkürlich
tief auf. Er wagte nicht zu fragen. Aber er glaubte verstanden zu haben: der junge Tor war angekommen, er durfte

bleiben. Noch während er von dem sublimen Marionetten-spiel der Finger und Stäbchen eingefangen und bezaubert war, dem er so lange zugesehen hatte, das so überzeugend sinnvoll aussah, obwohl man seinen Sinn nicht zu erraten vermochte, nahm das Ergebnis von ihm Besitz. Das Orakel hatte gesprochen, es hatte zu seinen Gunsten entschieden.

Wir hätten die Episode nicht so eingehend geschildert, wenn nicht Knecht selbst sie seinen Freunden und Schülern des öfteren mit einem gewissen Behagen erzählt hätte. Nun kehren wir zu unserm sachlichen Bericht zurück. Knecht blieb monatelang im Bambusgehölz und hat das Manipulieren mit den Schafgarbenstengeln beinahe ebenso vollkommen gelernt wie sein Lehrer. Dieser übte jeden Tag mit ihm eine Stunde Stäbchenzählen, führte ihn in die Grammatik und Symbolik der Orakelsprache ein, ließ ihn sich im Schreiben und Auswendiglernen der vierundsechzig Zeichen üben, las ihm aus den alten Kommentaren vor, erzählte ihm je und je an besonders guten Tagen eine Geschichte von Dschuang Dsi. Im übrigen lernte der Schüler den Garten pflegen, die Pinsel waschen, die Tusche reiben, er lernte auch Suppe und Tee kochen, Reisig sammeln, auf das Wetter achten und den chinesischen Kalender handhaben. Seine seltenen Versuche jedoch, auch das Glasperlenspiel und die Musik mit in ihre sparsamen Gespräche einzubeziehen, waren vollkommen ergebnislos, sie schienen entweder an einen Schwerhörigen gerichtet oder wurden mit einem nachsichtigen Lächeln beiseitegeschoben oder mit einem Spruch beantwortet, wie etwa: »Dichte Wolken, kein Regen« oder »Der Edle ist ohne Makel«. Als sich jedoch Knecht aus Monteport ein kleines Klavichord schicken ließ und jeden Tag eine Stunde spielte, wurde kein Einspruch erhoben. Einmal gestand Knecht seinem Lehrer, er wünsche es dahin zu bringen, daß er imstande wäre, das System des I Ging dem Glasperlenspiel einzubauen. Der Ältere Bruder lachte. »Nur zu!« rief er, »du wirst ja sehen. Einen hüb-schen kleinen Bambusgarten in die Welt hineinsetzen, das kann man schon. Aber ob es dem Gärtner gelingen würde, die Welt in sein Bambusgehölz einzubauen, scheint mir doch fraglich.« – Genug davon. Wir erwähnen nur noch, daß der Ältere Bruder einige Jahre später, als Knecht in Waldzell schon eine sehr geachtete Person war, von diesem eingeladen wurde, einen Lehrauftrag dort anzunehmen, worauf er aber nicht antwortete.

Nachmals hat Josef Knecht die Monate seines Lebens im Bambusgehölz nicht nur als eine besonders glückliche Zeit, sondern auch des öftern als den »Beginn seines Er-wachens« bezeichnet, wie denn von jener Zeit an das Bild vom Erwachen häufiger in seinen Äußerungen vorkommt, mit einer ähnlichen, doch nicht durchaus gleichen Bedeu-tung, wie er sie vorher dem Bild der Berufung beigelegt hatte. Daß das »Erwachen« eine jeweilige Erkenntnis sei-ner selbst und des Ortes, an dem er innerhalb der kasta-lischen und der menschlichen Ordnung überhaupt stand, zu bedeuten hat, ist zu vermuten, doch scheint uns der Akzent mehr und mehr auf die Selbsterkenntnis sich zu ver-schieben, in dem Sinn, daß Knecht vom »Beginn des Er-wachens« an mehr und mehr sich einem Gefühl seiner be-sonderen, einmaligen Position und Bestimmung näherte, während ihm die Begriffe und die Kategorien der überkom-menen allgemeinen und speziell kastalischen Hierarchie immer mehr zu relativen wurden.

Die chinesischen Studien waren mit dem Aufenthalt im Bambusgehölz noch längst nicht abgeschlossen, sie dauer-ten fort, und namentlich war Knecht bemüht um die Kennt-nis der alten chinesischen Musik. Überall bei den ältern chinesischen Schriftstellern stieß er auf das Lob der Musik als einer der Urquellen aller Ordnung, Sitte, Schönheit und Gesundheit, und diese weite und sittliche Auffassung der Musik war ihm ja durch den Musikmeister, der geradezu für ihre Verkörperung gelten konnte, von jeher vertraut. [...] Eines der positiven Ergebnisse seiner Lehrzeit beim Älteren Bruder bestand darin, daß er von da an seine Scheu vor der Rückkehr nach Waldzell überwand, jedes Jahr nahm er dort an irgendeinem der höheren Kurse teil und war nun schon, ohne recht zu wissen, wie es dazu gekommen war, eine im Vicus Lusorum mit Interesse und Anerkennung betrachtete Persönlichkeit, gehörte jenem innersten und sensibelsten Organe des ganzen Spielwesens an, jener anonymen Gruppe von bewährten Spielern, in deren Händen eigentlich das jeweilige Schicksal oder doch mindestens die jeweilige Richtung und Mode des Spieles liegt. Diese Gruppe von Spielern, in welcher auch Beamte der Spielanstalten nicht fehlten, aber keineswegs dominierten, war hauptsächlich in einigen abgelegenen, stillen Räumen des Spielarchivs zu treffen, beschäftigt mit spielkritischen Studien, kämpfend um die Einbeziehung neuer Stoffgebiete in das Spiel oder um deren Fernhaltung, debattierend für oder gegen gewisse stets wechselnde Geschmacksrichtungen in der Form, in der äußern Handhabung, im Sportlichen des Glasperlenspiels; jeder hier heimisch Gewordene war ein Virtuose des Spiels, jeder jedem in seinen Talenten und Eigenheiten sehr genau bekannt, es war wie im Umkreis eines Ministeriums oder in einem aristokratischen Klub, wo die Herrschenden und Verantwortlichen von morgen und übermorgen einander treffen und kennenlernen. Ein gedämpfter, geschliffener Ton herrschte hier, man war ehrgeizig, ohne es zu zeigen, und war aufmerksam und kritisch bis zur Übertreibung. Diese Elite des Nachwuchses aus dem Vicus Lusorum galt für viele in Kastalien, und auch für einige draußen im Lande, als letzte Blüte der kastalischen Tradition, als Creme einer exklusiv aristokratischen Geistigkeit, und mancher Jüngling hat jahrelang voll Ehrgeiz davon geträumt, ihr einst anzugehören. Für andere wieder war dieser erlesene Kreis von Prätendenten auf die höheren Würden in der Hierarchie des Glasperlenspiels etwas Verhaßtes und Verkommenes, eine Clique von hochnäsigen Nichtstuern, geistreich verspielten Genies ohne Sinn für Leben und Wirklichkeit, eine anmaßende und im Grunde schmarotzerische Gesellschaft von Elegants und Strebern, deren Beruf und Lebensinhalt eine Spielerei, ein unfruchtbarer Selbstgenuß des Geistes sei.

Knecht stand beiden Auffassungen ohne Empfindlichkeit gegenüber; es bedeutete ihm nichts, ob er vom Studentenklatsch als Wundertier gepriesen oder als Emporkömmling und Streber bespöttelt werde. Was ihm wichtig war, waren nur seine Studien, welche nun alle in den Bezirk des Spieles einbezogen waren. Was ihm wichtig war, war außerdem vielleicht nur noch jene eine Frage, ob nämlich das Spiel wirklich das Höchste von Kastalien und wert sei, sein Leben daran zu setzen. Denn mit dem Sicheinspielen in immer verborgenere Geheimnisse der Spielgesetze und Spielmöglichkeiten, mit dem Heimischwerden in den bunten Labyrinthen des Archives und der komplexen Innenwelt der Spielsymbolik waren seine Zweifel nicht unbedingt zum Schweigen gebracht, er hatte es schon in sich erfahren, daß Glaube und Zweifel zusammengehören, daß sie einander bedingen wie Ein- und Ausatmen, und mit den Fortschritten in allen Gebieten des Spiel-Mikrokosmos waren natürlich auch sein Sehvermögen und seine Empfindlichkeit für alles Problematische des Spieles gewachsen. Eine kleine Weile hatte vielleicht das Idyll im Bambusgehölz ihn beruhigt oder auch irre gemacht; das Beispiel des Älteren Bruders hatte ihm gezeigt, daß es immerhin Auswege aus all dieser Problematik gab, man konnte zum Beispiel wie jener sich zum Chinesen machen, sich hinter einer Gartenhecke abschließen und in einer genügsam schönen Art von Vollkommenheit leben. Man konnte vielleicht auch Pythagoreer werden oder Mönch und Scholastiker – aber es war ein Ausweg, ein nur wenigen möglicher und erlaubter Verzicht auf Universalität, ein Verzicht auf das Heute und Morgen zugunsten eines Vollkommenen, aber Vergangenen, es war eine sublime Art von Flucht, und Knecht hatte beizeiten gespürt, daß dies sein Weg nicht sei [...]

Im Buch der Wandlungen, das Knecht vor dem Antritt seiner Reise unter Vollziehung der Schafgarbenstengel-Zeremonie befragte, stieß er auf das Zeichen Lü, das bedeutet »Der Wanderer« mit dem Urteil »Durch Kleinheit Gelingen. Dem Wanderer ist Beharrlichkeit von Heil.« Er fand eine Sechs auf zweitem Platz und schlug im Buche die Deutung nach:

> »Der Wanderer kommt zur Herberge.
> Er hat seinen Besitz bei sich.
> Er erlangt eines jungen Dieners Beharrlichkeit.«

Das Abschiednehmen geschah mit Heiterkeit, nur die letzte Unterredung mit [Fritz] Tegularius war für beide eine harte Probe der Standhaftigkeit. Fritz tat sich Gewalt an und war in der Kühle, die er sich aufzwang, wie erstarrt; für ihn ging mit dem Freunde das Beste weg, was er besaß. [...]

Schon seit Mariafels trug Knecht den Einfall zu einem Glasperlenspiele mit sich herum, den er für sein erstes feierliches Spiel als Magister benutzen wollte. Es sollte diesem Spiel, dies war der hübsche Einfall, für Struktur und Dimensionen das alte, konfuzianisch rituelle Schema des chinesischen Hausbaues zugrunde liegen, die Orientierung nach den Himmelsrichtungen, die Tore, die Geistermauer, die Verhältnisse und Bestimmungen der Bauten und Höfe, ihre Zuordnung zu den Gestirnen, dem Kalender, dem Familienleben, dazu die Symbolik und Stilregeln des Gartens. Es war ihm einst, beim Studium eines Kommentares zum I Ging, die mythische Ordnung und Bedeutsamkeit dieser Regeln als ein besonders ansprechendes und liebenswürdiges Gleichnis des Kosmos und der Einordnung des Menschen in die Welt erschienen, auch fand er den uralt mythischen Volksgeist in dieser Tradition des Hausbaues wunderbar innig mit spekulativ-gelehrtem Mandarinen- und Magistergeist vereinigt. Er hatte sich, ohne freilich je Notizen zu machen, mit dem Gedanken an den Plan dieses Spieles oft und liebevoll genug beschäftigt, um es eigentlich als Ganzes schon fertig vorgebildet in sich zu tragen; erst seit seinem Amtsantritt war er dazu nicht mehr gekommen. Jetzt stand im Augenblick sein Entschluß fest, auf dieser chinesischen Idee sein Festspiel aufzubauen, und Fritz sollte schon jetzt, falls er sich dem Geist dieses Einfalls zu öffnen vermochte, mit den Studien für den Ausbau und mit den Vorbereitungen für die Übertragung in die Spielsprache beginnen. Nur war da ein Hindernis: Tegularius konnte kein Chinesisch. Es noch zu lernen, dazu war es viel zu spät. Aber nach Hinweisen, die ihm teils Knecht selbst, teils das ostasiatische Studienhaus geben würde, konnte Tegularius in die magische Symbolik des Chinesenhauses mit Hilfe der Literatur recht wohl eindringen, es ging ja hier nicht um Philologie [...]

Es erging eine Botschaft an den Älteren Bruder, die ihn herzlich einlud, für eine Weile als Gast des Glasperlenspielmeisters nach Waldzell zu kommen, da diesem sein Amt zu einem Besuch keine Zeit lasse, und ihn über den Dienst, den man von ihm begehrte, unterrichtete. Der Chinese jedoch verließ das Bambusgehölz nicht, der Bote brachte statt seiner ein Briefchen mit, mit Tusche in chinesischen Zeichen gemalt, darin stand: »Ehrenvoll wäre es, den großen Mann zu sehen. Aber Gehen führt in Hemmnisse. Zwei Schüsselchen benutze man zum Opfer. Den Erhabenen grüßt der Jüngere.« Daraufhin brachte Knecht seinen Freund nicht ohne Mühe zu dem Entschluß, selbst nach dem Bambusgehölz zu reisen und um Aufnahme und Belehrung zu bitten. Doch blieb die kleine Reise ohne Erfolg. Der Einsiedler im Gehölz empfing Tegularius mit einer beinahe unterwürfigen Höflichkeit, ohne aber eine einzige von dessen Fragen anders als mit freundlichen Sentenzen in chinesischer Sprache zu beantworten und ohne ihn zum Bleiben einzuladen, trotz dem auf schönes Papier gemalten prachtvollen Empfehlungsschreiben von der Hand des Magister Ludi. Unverrichteter Dinge und eher verstimmt kehrte Fritz nach Waldzell heim, brachte als Geschenk für den Magister ein Blättchen zurück, auf das ein alter Vers über einen Goldfisch gepinselt war, und mußte nun also doch im Haus der ostasiatischen Studien sein Heil versuchen. Hier waren die Empfehlungen Knechts wirksamer, man war dem Bittsteller, dem Abgesandten eines Magisters, auf das gefälligste behilflich, und bald hatte er sich über sein Thema so vollkommen unterrichtet, wie es ohne Chinesisch irgend möglich war, und fand dabei an Knechts Einfall, diese Haus-Symbolik seinem Plan zugrunde zu legen, eine solche Freude, daß er seinen Mißerfolg im Bambusgehölz darüber verschmerzte und vergaß.

Als Knecht den Bericht des Abgewiesenen über seinen Besuch beim Älteren Bruder anhörte, und als er dann für sich allein den Goldfischvers las, berührten ihn die Atmosphäre dieses Menschen und die Erinnerung an seinen einstigen Aufenthalt in dessen Hütte beim wehenden Bambus und bei den Schafgarbenstengeln mit eindringlicher Stärke, Erinnerung zugleich an Freiheit, Muße, Studentenzeit und buntes Paradies der Jugendträume. Wie hatte dieser tapfre schrullige Einsiedler es verstanden, sich zurückzuziehen und freizuhalten, wie hielt sein stilles Bambusgehölz ihn vor der Welt verborgen, wie innig und stark lebte er in seinem zur zweiten Natur gewordenen, reinlichen, pedantischen und weisen Chinesentum, wie geschlossen, konzentriert und dicht hielt der Zauber seines Lebenstraumes ihn Jahr um Jahr und Jahrzehnt um Jahrzehnt umfangen, machte seinen Garten zu China, seine Hütte zum Tempel, seine Fische zu Gottheiten und ihn selbst zum Weisen! Mit einem Seufzer machte Knecht sich von dieser Vorstellung los. Er war einen anderen Weg gegangen, vielmehr geführt worden, und es kam nur darauf an, diesen ihm nun zugewiesenen Weg gerade und treu zu gehen, nicht ihn mit den Wegen anderer zu vergleichen. *(1939)*

Chinesische Parabel

Ein alter Mann mit Namen Chunglang, das heißt »Meister Felsen«, besaß ein kleines Gut in den Bergen. Eines Tages begab es sich, daß er eins von seinen Pferden verlor. Da kamen die Nachbarn, um ihm zu diesem Unglück ihr Beileid zu bezeigen.

Der Alte aber fragte: »Woher wollt ihr wissen, daß das ein Unglück ist?« Und siehe da: einige Tage darauf kam das Pferd wieder und brachte ein ganzes Rudel Wildpferde mit. Wiederum erschienen die Nachbarn und wollten ihm zu diesem Glücksfall ihre Glückwünsche bringen.

Der Alte vom Berge aber versetzte: »Woher wollt ihr wissen, daß es ein Glücksfall ist?«

Seit nun so viele Pferde zur Verfügung standen, begann der Sohn des Alten eine Neigung zum Reiten zu fassen, und eines Tages brach er das Bein. Da kamen sie wieder, die Nachbarn, um ihr Beileid zum Ausdruck zu bringen. Und abermals sprach der Alte zu ihnen: »Woher wollt ihr wissen, daß dies ein Unglücksfall ist?«

Im Jahr darauf erschien die Kommission der »Langen Latten« in den Bergen, um kräftige Männer für den Stiefeldienst des Kaisers und als Sänftenträger zu holen. Den Sohn des Alten, der noch immer seinen Beinschaden hatte, nahmen sie nicht.

Chunglang mußte lächeln. *(1950er Jahre)*

Dsu Yung

In der T'ang-Zeit, im Jahr 725, fand in Tschangan die staatliche Dienstprüfung statt, bei welcher die Kandidaten sich stets auch über ihre Fähigkeiten in der Dichtkunst auszuweisen hatten. Das Thema, über das bei der diesjährigen Prüfung ein Gedicht zu verfassen war, lautete: *Letzter Winterschnee auf dem Nan-schan.*

Der junge Dichter Dsu Yung, der als Kandidat an diesem Examen teilnahm, lieferte das folgende Gedicht ab:

> Der Mittagsberge nördlich Haupt hoch oben
> Trägt Schnee noch über leichter Wolken Rand.
> Des Waldes Wand steht klar in Äthers Reine,
> Und kälter fällt die Nacht auf Stadt und Land.

Der Prüfungsbeamte war mit diesem Gedicht nicht zufrieden. Er reichte es dem Kandidaten zurück mit der tadelnden Bemerkung, es sei für eine Examensarbeit zu kurz, man erwarte Gedichte von mindestens acht Versen oder mehr. Dsu Yung erwiderte nur: »I Djin.« Das heißt: »der Sinn ist erschöpft.«

Der Kommissar nahm das Gedicht zurück und prüfte es nochmals. Er mußte zugeben, daß es wirklich alles enthalte, was zu sagen war, und nahm es an. Der Ausspruch Dsu Yungs wurde dann mit der Zeit zum anerkannten Maßstab für die Beurteilung von Gedichten. *(1952)*

Der schwarze König
Ein Gedenkblatt für Georg Reinhart[1]

Was Georg Reinharts Freunde an ihm gehabt und in ihm gesehen haben, das müßte, ein vielfarbiger Strauß von Zeugnissen und Erinnerungen, einmal in einem Buch gesammelt werden. Ich glaube, man würde über die Mannigfaltigkeit der Bildnisse, die von diesem lieben und bedeutenden Mann in den Köpfen und Herzen seiner Freunde sich bewahrt haben, ebenso erstaunt sein wie über den Gleichklang von Hochachtung, Liebe und Zartheit, ja Zärtlichkeit, der vermutlich in diesen so verschiedenen Zeugnissen zu spüren sein müßte. Ein Beitrag zu einem solchen Gedächtnisbuch soll in dieser Aufzeichnung gegeben werden. Das postulierte Buch müßte aber auch aus Georg Reinharts Briefen und aus seiner schönen, im Jahr 1931 in hundert Exemplaren gedruckten Selbstbiographie »Aus meinem Leben« reichlich schöpfen.

Seine Kinder nannten ihn den »Schwarzen König«, und der Name ist ihm auch im engeren Freundeskreis geblieben. Er paßte gut zu ihm, denn es war stets ein Klang und Duft von Geheimnis um ihn, wie auch sein wunderschönes Haus voll von Geheimnissen war, von lang verborgen Gehaltenem, das nur den Nächsten allmählich zugänglich wurde, von Dingen mit doppelter und vielfacher Bedeutung. Die enge gewundene Treppe aus seinem Studio ins unterirdische Geheimste und Allerheiligste hinab, zur goldenen Maya und dem alten Gong, nach Indien und China, wird jedem Eingeweihten eine so teure wie märchenhafte Erinnerung sein wie die Geheimnisse bei den Kakteen

---

1 Der Winterthurer Kaufmann Georg Reinhart (1877-1955) unterstützte zahlreiche Künstler und Wissenschaftler u. a. Hesse und Richard Wilhelm und ermöglichte 1950 die Gründung des Suhrkamp Verlags.

des großen Gewächshauses. Mich haben diese exotischen Neigungen und Beziehungen mit ihren sinnlichen Manifestationen in Bildwerken, in Gong- und Flötenmusik oft an die ähnlich mit Geheimnis und Bedeutung geladene Atmosphäre in den Stuben meines Calwer Großvaters erinnert, wie ich sie in der »Kindheit des Zauberers«[1] skizziert habe.

Es fehlt nur ein kleines Mehr an Kraft, Zeit und Gesundheit, so würde ich mich daran wagen, ein Bildnis des Schwarzen Königs zu entwerfen, wobei mir wohl bewußt wäre, daß es ein Bildnis unter vielen wäre, daß ich in dem überaus reichen Leben dieses Freundes, der in sehr vielen Bezirken des Lebens und der Gesellschaft zu Hause war, nur eine seiner Funktionen wirklich erlebt und erschöpfend kennengelernt hatte, die des Kunst- und Künstlerfreundes und Mäzens. Aber an solche Aufgaben darf ich nicht mehr gehen, es ist dazu zu spät geworden. Ich begnüge mich damit, ein paar Erlebnisse und Dokumente dem zur Verfügung zu stellen, der vielleicht einmal sich an diese lockende Aufgabe machen wird.

Aus Reinharts Briefen wähle ich einen vom Sommer 1933, in dem er sich für die Übersendung meines Märchens »Vogel« bedankt. Der Brief ist auf vier von den kleinen Blättchen seines kostbaren chinesischen Goldpapiers geschrieben und lautet:

Der Vogel ist gesichtet worden, und zwar am 27. dieses Monats im Garten des Schwarzen Königs. Letzterer, der der Vogelsprache kundig ist, hat sich über eine Stunde aufs angenehmste mit ihm unterhalten und sich allerlei über das Montagsdorf und die sonderbaren Käuze und anderen Vögel, die dort wohnen, erzählen lassen. – Nachdem der Schwarze König den Vogel mit indischen Körnern und einem Whisky Soda gestärkt, nahm letz-

---

1 Autobiographisches Märchen Hesses.

terer seinen Flug nach unbekanntem Ziele auf, jedoch nicht ohne sich einige Federchen auszurupfen, die er dem Schwarzen König als Dank und zum Andenken überreichte. Dieser weiß sie nicht besser aufgehoben als in den Händen seines Freundes Pictor[1], dem er sie hiermit mit den herzlichsten Grüßen übersendet.

Malepartus, 27. Juli 1933

Ich, der König

(Zwei blaugestreifte Häherfederchen sind beigeheftet.)

Und noch ein ähnliches Briefchen. Es kam im Januar 1937 aus dem Engadin und war die Antwort auf mein damals entstandenes Gedicht »Seifenblasen«:

Lieber Herr Hesse, Ihr schönes Gedicht mit der kleinen Tessiner Landschaft geschmückt, ist mir hierher ins Engadin nachgesandt worden und hat mich herzlich erfreut. Nehmen Sie dafür meinen aufrichtigen Dank! Zwar habe ich weder als Jüngling ein genialisches Jugendwerk noch als Greis ein nach Weisheit duftendes Alterswerk geschaffen, aber dennoch empfinde ich die Wahrheit Ihres Gedichtes sehr lebhaft und deutlich; denn als Knabe verstand ich es, schöne Seifenblasen zu blasen, die für mich eine fast magische Bedeutung hatten, und als Jüngling – wie ich zu rauchen anfing – verlegte ich mich auf die Kunst des Ringleinblasens, welche Ringlein mir auch mehr bedeuteten als bloße Produkte unvollkommener Verbrennung pflanzlicher Stoffe. Und wenn ich heute als alter Mann noch mit Begeisterung auf dem Eise meine Kreise ziehe, so bin ich mir bewußt, daß zum richtigen Zustandekommen dieser Bogen, Schlingen und Spiralen dieselben Kräfte am Werke sind, die im Weltraum draußen den Planeten ihre Bahnen

---

1 Protagonist in Hesses Märchen »Piktors Verwandlungen«.

vorschreiben. So erkennt sich also das ewige Licht lächelnd auch in diesen Spielereien. Herzlich Ihr
(statt der Unterschrift ist ein schlittschuhlaufender Schwarzer König gezeichnet).

Unser Austausch war immer ein wenig humoristisch gefärbt, Spaß und Spiel gehörten zu unsrem Freunde und seinen Lebensäußerungen und hielten oft dem Ernst auf eine großartige Art die Waage, so wie sein festes, grundernstes Gesicht jede Art des Lächelns kannte, vom kindlich heitern bis zum spottgeladenen, vom asiatisch meditativen bis zum melancholischen eines lyrischen Pierrot. Er war auch ein Meister der Maske und konnte sich, als Bettler oder Schlangenbeschwörer verkleidet, eine ganze Ballnacht unerkannt unter lauter Freunden bewegen. Und unter den kleinen Geschenken, mit denen wir uns zu Zeiten zu überraschen liebten, gab es zuweilen sehr genau ausgedachte und treffsichere Kleinkunstarbeiten von seiner geschickten Hand. Einmal schickte er mir, als Anspielung auf den »Demian«, auf einem farbigen Karton mit ornamentierter Goldrandleiste, eine Klebearbeit: einen jungen, langhalsigen Vogelkopf, eines Straußen oder Emu etwa, der aus dem zackigen Rande eines Rieseneies ragte, mit der Legende: »Der Vogel kämpft sich aus dem Ei.« Oder er schickte mir, ebenfalls Klebekunst auf Karton, ein geheimnisvoll tibetanisch anmutendes Bild: unter mattgolden leuchtender Tiara und prachtvoll reichem Brokat-Skapulier ein priesterlich ernstfreundliches Gesicht, das man erst beim zweiten oder dritten Blick als sein eigenes erkannte.

Und so wie er jeden Brief sofort genau und schlagfertig beantwortet hat, hat er manchmal auch, und mit besonderem Spaß, eine kleine Freundesgabe blitzschnell mit einer Gegengabe erwidert. Gelegentlich übten wir den Spaß des Schenkens und Gegenschenkens wie ein Ballspiel, wobei wir uns um möglichste Schnelligkeit der Erwiderung bemühten. Ein Fall dieser Art ist mir in besonders lebhafter

Erinnerung. Es war im Jahr 1937, ich hatte ihm ein neu entstandenes Gedicht geschickt, es lautet:

Chinesisch

Mondlicht aus opalener Wolkenlücke
Zählt die spitzen Bambusschatten peinlich.
Malt der hohen Katzenbuckelbrücke
Spiegelbild aufs Wasser rund und reinlich.

Bilder sind es, die wir zärtlich lieben,
Auf der Welt und Nacht lichtlosem Grunde
Zaubrisch schwimmend, zaubrisch hingeschrieben,
Ausgelöscht schon von der nächsten Stunde.

Unterm Maulbeerbaum der trunkene Dichter,
Der den Pinsel wie den Becher meistert,
Schreibt der Mondnacht, die ihn hold begeistert,
Wehende Schatten auf und sanfte Lichter.

Seine raschen Pinselzüge schreiben
Mond und Wolken hin und all die Dinge,
Die dem Trunkenen vorübertreiben,
Daß er sie, die flüchtigen, besinge,
Daß er sie, der Zärtliche, erlebe,
Daß er ihnen Geist und Dauer gebe.
Und sie werden unvergänglich bleiben.

Alsbald kam als Dank und Antwort eine Rolle an, die enthielt eine sorgfältigst ausgeführte große Tuschzeichnung von der Hand des Freundes, und auf der Zeichnung war alles zu sehen, was meine Verse in Worten dargestellt hatten. Ich war von der köstlichen Gabe so entzückt, daß ich den Ball sofort zurückschlug mit den Versen: »Bruchstück aus dem nur in Fragmenten erhaltenen ›Sagenkreis vom

Schwarzen König‹, einem chinesischen Legendengedicht aus der Zeit der Dynastie Sung«:

Schwer war's, den Schwarzen König zu beschenken.
Wie Ballspielmeister spiegelschnell die Schläge
Des Gegenspielers ihm zurückzuschlagen
Verstehn, so wußte der an Geist und Herzen Rege
Empfangene Gaben, statt bloß Dank zu sagen,
Verwandelt an den Geber rückzulenken.

Es wird erzählt: He He, der Dichter, schenkte
Dem König ein Gedicht von Mond und Nacht.
Der König nimmt, liest, freut sich; Schalkheit lacht
Aus seinen dunklen Augen, sinnend streift er
Zurück den Ärmel und zum Pinsel greift er,
Taucht ein, setzt an, und malt mit Meisterzügen
Den Mond, die Nacht, den Bambus und die Brücke
Und alles, was He Hes Gedicht besungen,
Vollendet hin, die lichte Wolkenlücke,
Das Schachbrettmuster hingetuschter Lichter,
Und seitwärts sitzend malt er He, den Dichter.
Und alles, was der König pinselt, zeigt sich
Den Versen seines Freundes ebenbürtig.
Er reicht He He das Blatt und lächelt würdig.

Der Dichter staunt begeistert und verneigt sich.

Ach, wir haben manchen guten Spaß miteinander gehabt!
    In Georg Reinharts Briefen blätternd, fand ich auch den Durchschlag des Briefes, mit dem ich ihm in eben jenem Jahr 1937 zum sechzigsten Geburtstag gratuliert habe. Mit ihm will ich mein Gedenkblatt beschließen: Zum 10. Januar 1937: Lieber Herr Reinhart Zu Ihrem sechzigsten Geburtstag bekommen Sie ohne Zweifel so viele Briefe, daß man Ihnen einen Gefallen tut, wenn man seinen Glück wunsch kurz faßt.

Aber sagen möchte ich Ihnen bei diesem Anlaß doch, daß ich in meinem Leben Ihr Dasein und die Freundschaft mit Ihnen für ein Glück und einen hohen Wert halte, und zwar nicht bloß darum, weil Sie mir in der gefährdetsten Zeit meines Lebens so freundlich durchgeholfen haben.[1] Natürlich gehört dies mit dazu, und wenn ein reicher Mann mit einem ärmeren befreundet ist, so wird und muß das irgendwie auch in der Form des Geldes zum Ausdruck kommen. Aber das ist ja bloß ein Teil meiner Beziehung zu Ihnen und meiner Freundschaft und Dankbarkeit für Sie. Ich bin Ihnen dankbar und habe Freude daran, daß es Sie gibt und daß ich Sie kenne, einfach weil Sie so sind wie Sie sind, weil Sie ein Mann der Welt und der größten Geschäfte sind, der dennoch von diesen Geschäften nicht aufgefressen und von der Welt nicht nivelliert worden ist, sondern sein Gesicht und seinen Charakter, seine Liebhabereien und seine Talente behalten und gepflegt und sich in seinem Hause eine so schön ausstrahlende Zukunft geschaffen hat [...]

Ich denke Ihrer an Ihrem Geburtstag und wünsche Ihnen und Ihrem ganzen Haus noch manche Jahre eines Nachsommers im Sinne Adalbert Stifters. Das Altwerden ist ja nicht bloß ein Abbauen und Hinwelken, es hat, wie jede Lebensstufe, seine eigenen Werte, seinen eigenen Zauber, seine eigene Weisheit, seine eigene Trauer, und in Zeiten einer einigermaßen blühenden Kultur hat man mit Recht dem Alter eine gewisse Ehrfurcht erwiesen, welche heut von der Jugend in Anspruch genommen wird. Wir wollen das der Jugend nicht weiter übelnehmen. Aber wir wollen uns doch nicht aufschwatzen lassen, das Alter sei nichts wert [...]

Von Herzen alles Freundliche und Schöne wünscht Ihnen Ihr

    H. H.   *(1955)*

---

1 Reinhart unterstützte Hesse in den schwierigen Jahren des Ersten Weltkrieges und einige Zeit dannach.

Von Meng Hsiä wird berichtet:

Als ihm zu Ohren kam, daß neuerdings die jungen Künstler sich darin übten, auf dem Kopfe zu stehen, um eine neue Weise des Sehens zu erproben, unterzog Meng Hsiä sich sofort ebenfalls dieser Übung, und nachdem er es eine Weile damit probiert hatte, sagte er zu seinen Schülern: »Neu und schöner blickt die Welt mir ins Auge, wenn ich mich auf den Kopf stelle.«

Dies sprach sich herum, und die Neuerer unter den jungen Künstlern rühmten sich dieser Bestätigung ihrer Versuche durch den alten Meister nicht wenig.

Da dieser als recht wortkarg bekannt war und seine Jünger mehr durch sein bloßes Dasein und Beispiel erzog als durch Lehren, wurde jeder seiner Aussprüche beachtet und weiter verbreitet.

Und nun wurde, bald nachdem jene Worte die Neuerer entzückt, viele Alte aber befremdet, ja erzürnt hatten, schon wieder ein Ausspruch von ihm bekannt. Er habe, so erzählte man, sich neuestens so geäußert:

»Wie gut, daß der Mensch zwei Beine hat! Das Stehen auf dem Kopf ist der Gesundheit nicht zuträglich, und wenn der auf dem Kopf Stehende sich wieder aufrichtet, dann blickt ihm, dem auf den Füßen Stehenden, die Welt doppelt so schön ins Auge.«

An diesen Worten des Meisters nahmen sowohl die jungen Kopfsteher, die sich von ihm verraten oder verspottet fühlten, wie auch die Mandarine großen Anstoß.

»Heute«, so sagten die Mandarine, »behauptet Meng Hsiä dies, und morgen das Gegenteil. Es kann aber doch unmöglich zwei Wahrheiten geben. Wer mag den unklug gewordenen Alten da noch ernst nehmen?«

Dem Meister wurde hinterbracht, wie die Neuerer und

wie die Mandarine über ihn redeten. Er lachte nur. Und da die Seinen ihn um eine Erklärung baten, sagte er:

»Es gibt die Wirklichkeit, ihr Knaben, und an der ist nicht zu rütteln. Wahrheiten aber, nämlich in Worten ausgedrückte Meinungen über das Wirkliche, gibt es unzählige, und jede ist ebenso richtig wie sie falsch ist.«

Zu weiteren Erklärungen konnten ihn die Schüler, so sehr sie sich bemühten, nicht bewegen.　　　　　*(1959)*

Josef Knecht an Carlo Ferromonte

Freund, es ist doch hübsch und im Grunde tröstlich, wie alles, auch das scheinbar ganz und gar Vergangene, der Wiederkehr und neuen Lebens fähig ist. Vor kurzem erst hast du mir davon berichtet, daß neuerdings manche deiner Kollegen sich mit buddhistischer Lektüre beschäftigen, und zwar speziell mit der Literatur des Zen, sei es in der chinesischen oder der japanischen Form. Du neigst, wie es scheint, eher dazu, das für eine bloße Mode und müßige Spielerei zu halten; du selbst bist ja im Grunde entschlossen, dich nicht näher darauf einzulassen. Da du mich darum angehst, sage ich dir gern meine paar Gedanken über das Thema, denn die »Mode« ist auch hier in Waldzell zu spüren, so daß ich veranlaßt war, meine geringen Kenntnisse über die Materie durch Lektüre etwas aufzufrischen. Vor allem las ich in letzter Zeit wieder des öftern in jener »Niederschrift von der smaragdenen Felswand«, dem chinesischen »Bi Yän Lu«.

Meine Liebe zum chinesischen Wesen kennst du längst. Sie hat zunächst mit Buddhismus und mit Zen nichts zu tun, sie galt und gilt dem alten, herrlichen China der Klassiker, das von Buddha noch nicht wußte. Das alte Liederbuch, das »I Ging«, die Schriften von und über Kung Fu Dsi und Lao Dsi bis Dschuang Dsi gehören ebenso wie Homer, Plato und Aristoteles zu meinen Erziehern, sie haben mich und haben meine Vorstellung vom guten, weisen, vollkommenen Menschen formen helfen. Wort und Begriff Tao war und ist mir teurer als Nirwana, und so geht es mir auch mit der chinesischen Malerei: die traditionelle, gepflegte, zur Kalligraphie neigende ist mir lieber als die heftigere, ungestümere, genialischer anmutende Kunst vieler Zen-Maler. Merkwürdig und ein klein wenig störend war mir manchmal auch, als einem Morgenlandfahrer und

Gläubigen des Spruches »Ex Oriente Lux«, die Vorstellung, daß China seinen höchsten geistigen Besitz aus dem Westen, aus dem Abendland Indien, sollte empfangen haben. Nun, das sind kleine geschmäcklerische Launen, nicht ernster zu nehmen als jene flüchtigen Wünsche nach einem Stillstand der Historie, die man sich träumerischerweise gelegentlich erlaubt, etwa den Wunsch, es möchte auf die Ghirlandaio, Piero della Francesca und Lippi kein Michelangelo, auf Beethoven kein Wagner gefolgt, oder es möchte die Religion des Abendlandes im Zustand des Urchristentums verblieben sein.

Nun, auch China hat nicht bei den alten Kaisern, bei Jung Fu oder Lau Dan haltgemacht, es hat offenbar einige Jahrhunderte nach seiner ersten schönen Hochblüte wieder eines Lichtes bedurft. Und das Licht kam, es möge uns passen oder nicht, nicht von Morgen, sondern mit dem Patriarchen »fern von Westen her«, es kam die Buddhalehre von Indien herüber, und hat zunächst ihre Jünger mit indischer Dogmatik, indischer Spekulation und indischer Scholastik völlig bezaubert und bezwungen. Die ganze riesige Literatur der buddhistischen Schulen wurde übersetzt und kommentiert, in den Klöstern wuchsen gewaltige Bibliotheken an, das Licht aus Westen überstrahlte alle die alten einheimischen Sterne. So war oder schien es eine gute Weile. Der Chinese war Asket und fromm geworden, der Drache war gezähmt. Aber eines Tages war, was er da an Fremdem und Betäubendem geschluckt hatte, verarbeitet. Der Drache reckte sich und erwachte, und es begann das alte grimmige Spiel zwischen Sieger und Besiegtem, zwischen Vater und Sohn, zwischen dozierendem und spekulierendem Westen und gelassen flutendem Osten. Das Buddhawesen bekam ein neues, ein chinesisches Gesicht. So etwa sehe ich, durchaus als Laie, die Vorgeschichte des Zen.

Es wird dir aber, denke ich, mehr damit gedient sein, wenn ich dir ein paar ganz persönliche Eindrücke mitteile, die mir nach einigem Studieren der »Niederschrift« des Bi Yän Lu mit besonderer Zähigkeit im Gedächtnis hängengeblieben sind. Ob ich dir empfehlen soll, dich selbst auf die Lektüre einzulassen, weiß ich nicht. Das Buch steckt voll von Entzückendem und auch Erschütterndem, aber die Kerne stecken in sehr dicken und harten Schalen, und für einen wie du, der schon sehr genau seine Ziele vor sich sieht, ist wohl das Leben schon zur kurz, als daß er Tage und Wochen an das Entziffern solcher Hieroglyphen wenden möchte. Bei mir steht es anders, ich bin noch nicht so exakt auf bestimmte Aufgaben konzentriert und schweife nach Repetentenart mit Appetit und gutem Gewissen in den unendlichen Weidegründen der Geschichte des Menschengeistes umher. Wie du weißt, besteht der Kern der berühmten »Niederschrift« in kurzen Anekdoten (im Buch heißen sie »Beispiele«), die teils Aussprüche, teils erzieherische Handlungen und Praktiken bekannter Zen-Meister der Vorzeit berichten. Die Aussprüche nun sind für unsereinen – und waren es schon für die Chinesen des elften Jahrhunderts – fast alle unverständlich, ihr Sinn ist nur mit Hilfe eingehender Kommentare mehr oder weniger erschließbar. Ich setze dir zwei beliebige Beispiele her:

Tsui-yän, zum Beschluß der sommerlichen Übungszeit, unterwies seine Hörer mit folgenden Worten:
Den ganzen Sommer über habe ich euch Brüdern zuliebe geredet und geredet. Seht her, ob Tsui-yän noch seine Augenbrauen hat!
Bau-fu sagte: Bei Leuten, die das Diebsgewerbe treiben, ist im Herzen alles hohl.
Tschang-tjing sagte: Gewachsen sind sie!
Yün-men sagte: Sperre!

oder dies:

Ein Mönch fragte Hsiang-lin: Was ist der Sinn davon, daß fern vom Westen her der Patriarch gekommen ist?
Hsiang-lin erwiderte: Vom langen Sitzen müde.

Du siehst, das ist eine Art von Hexen-Einmaleins. Man ahnt dahinter Anspielungen, Bedeutungen, ja Beschwörungen, es scheinen magische Formeln zu sein, sind es aber nicht, sondern Hinweise auf genaue Ziele, nur muß man den Schlüssel dazu haben, und ihn zu finden, genügen uns nicht einmal die Umschreibungen und Erklärungen der »Niederschrift«, wir brauchen dazu noch einen sinologisch und buddhologisch geschulten Führer.

Und doch sind auch einige wenige dieser überlieferten Meisterworte einfach und gehen einem ohne weiteres ein. Eines von ihnen, es ist gleich das erste im Buch, hat mich wie eine Offenbarung getroffen; ich glaube nicht, daß ich es je vergessen werde. Ein Kaiser trifft mit dem Urpatriachen Bodhidharma zusammen. Mit der Wichtigtuerei und Ahnungslosigkeit des Laien und Weltmanns fragt er ihn: »Welches ist der höchste Sinn der heiligen Wahrheit?« Der Patriarch antwortet: »Offene Weite – nichts von heilig.« Die nüchterne Größe dieser Antwort, Carlo, wehte mich an wie ein Hauch aus dem Weltraum, ich empfand ein Entzücken und zugleich Erschrecken wie in jenen seltenen Augenblicken der unmittelbaren Erkenntnis oder Erfahrung, die ich »Erwachen« nenne und über die wir einst, in einer sehr ernsten Stunde, gesprochen haben. Das Erreichen dieses Erwachens, das nicht ergrübelte, sondern an Seele und Leib als Wirklichkeit erlebte Einswerden mit dem Ganzen, das Innewerden der Einheit ist ja das Ziel, nach dem alle Jünger des Zen streben.

Es gibt nun zu diesem Ziel so viele Wege, als es Menschen gibt, und so viele Führer, als es Zen-Meister gibt. Von den Schülern wie von den Meistern kann man sagen: es sind alle Typen und Spielarten des chinesischen Menschentums unter ihnen zu finden. Die Schülertypen werden in den Anekdoten meistens nicht so genau sichtbar wie die Charaktere der Meister, doch gelingt der große Wurf, so scheint mir, ähnlich wie in unsern Märchen eher den Unscheinbaren und Einfältigen als den Glänzenden und Wendigen. Unter den Meistern aber gibt es die Strengen wie die Sanften, die Wortmächtigen wie die Schweiger, die Bescheidenen wie die Würdebewußten, es gibt auch Zornige, Kämpferische, ja Gewalttätige. Einen Spruch von der Großartigkeit jener »Offenen Weite« habe ich bisher nicht mehr entdeckt, dafür aber eine Anzahl von Erweckungen ohne Worte, Erweckungen durch eine Maulschelle, durch einen Stockhieb, durch einen Streich mit dem Yakschweif, durch das Anzünden und sofortige Wiederausblasen einer Kerze. Und dann gab es einen Meister, einen von den Schweigern, der auf die Fragen seiner Jünger nicht mit dem Munde Antwort gab, sondern mit dem Zeigefinger, den er mit so sprechender Gebärde zu heben wußte, daß die dafür empfänglichen und reifen Schüler im Anblick des Fingers das Unaussprechliche erlebten. Es gibt da Geschichten, die beim ersten Lesen gar nichts hergeben wollen; sie klingen wie Geschwätz oder Gezänk in der Sprache irgendeiner völlig fremden Menschen- oder Tierart – und bei einem späteren Wiederbetrachten tun sie auf einmal Türen und Fenster zu allen Himmeln auf.

Da ich dir schon von meiner Art des »Erwachens« gesprochen habe, lang ehe wir beide etwas von Zen gehört hatten, muß ich noch etwas erwähnen, was mir an den Erwachten des chinesischen Buddhismus auffällt, und zu knacken gibt. Das Erlebnis selbst kenne ich ja, das Vom-Blitz-des-Innewerdens-getroffen-Sein, es ist mir einige Male widerfahren. Es war ja auch bei uns im Abendland nichts Unbekanntes, alle Mystiker und unzählige ihrer großen und kleinen Schüler haben es erfahren, ich erinnere dich etwa an die erste Erleuchtung Jakob Böhmes. Aber bei diesen Chinesen scheint das Wachgewordensein lebenslang fortzudauern, zumindest bei den Meistern; sie scheinen den Blitz zur Sonne gemacht, den Augenblick festgenagelt zu haben. Da hat mein Verstehen eine Lücke: vorstellbar ist mir ein ewiges Erleuchtetbleiben, eine zur dauernden Daseinsform gewordene Ekstase nicht. Vermutlich bringe ich doch zuviel abendländische Haltung mit in die östliche Welt. Vorstellen kann ich mir nur, daß der einmal Erweckte einem zweiten, dritten, zehnten Erwecktwerden erreichbarer ist als andere Menschen, daß er zwar natürlicherweise immer wieder in Schlaf und Unbewußtsein zurücksinkt, nie aber so tief, daß nicht ein nächster Lichtblitz ihn wecken könnte.

Zum guten Schluß will ich dir noch eine merkwürdige und lehrreiche Geschichte aus dem »Bi Yän Lu« erzählen. Da war im zehnten Jahrhundert ein Meister namens Yün-men; es werden von ihm viele und erstaunliche Dinge berichtet. Sein Sitz war der »Wolkentorberg«, im Süden von China, in der Provinz Kwangtung. Zu ihm kam einmal von weit her ein Suchender gepilgert, ein einfaches Männlein mit Namen Yüan. Er war schon lange unterwegs, hatte halb China durchpilgert und da und dort in Klöstern angeklopft, bis er hier am Wolkentorberg landete. Er wurde aufgenommen, und Yün-men stellte ihn als Famulus in seinen persönlichen Dienst. Offenbar spürte der große Menschenkenner in dem schlichten, jungen Pilger wertvolle Kräfte verborgen, von denen dieser selbst nichts wußte; denn er hat mit ihm, der nicht rasch im Verstehen war, unendlich lange Geduld gehabt. Ich höre dich fragen: »wie lange denn?« Ich antworte: »Achtzehn Jahre.« Tag für Tag rief er ihn ein oder mehrere Male an: »Aufwärter Yüan!« Jedesmal antwortete Yüan ergeben und gehorsam: »Ja.« Und jedesmal stellte der Meister ihn zur Rede: »Ja, sagst du. Aber was meinst du damit?« Betroffen und verlegen suchte der Aufwärter sich immer und immer wieder zu erklären und herauszureden, denn mit der Zeit merkte er instinktiv doch, daß mit dem Anruf und mit der barschen Kritik an seiner Antwort etwas gemeint sei. Er strengte sich, um sein »Ja« zu rechtfertigen, oft mächtig an; vermutlich grübelte er schon die halben Tage daran herum, was er morgen dem Meister antworten solle. Die Frage des Gewaltigen, was er mit seinem »Ja« meine, war eine Nuß, an der Yüan die Tage und Wochen und schließlich ganze achtzehn Jahre zu knacken hatte. Dann kam wieder ein Tag, scheinbar einer wie alle anderen, wieder hörte der Famulus sich vom Meister beim Namen rufen – aber diesmal hatte das »Yüan« einen ganz anderen Klang. Es war sein Name, es war er, er selbst, er allein, der da angeredet, gestellt, befohlen, erwählt, berufen wurde! Wie aus Himmelsweiten der Blitz, wie aus Weltenweiten der Donner klang es ihm: »Yüan!« Und siehe, der Bann war gebrochen, der Schleier gefallen, Yüan war hörend und sehend geworden, er erblickte die Welt in ihrer wahren Gestalt und sich inmitten, und das große Licht ging ihm auf. Diesmal rief er nicht »Ja« zurück. Leise stammelte er: »Ich habe begriffen.«

Es ist eine wunderschöne Geschichte. Sie ist aber noch nicht zu Ende. Der Aufwärter Yüan war nicht nur zur Erleuchtung berufen, wenn er auch lange genug auf sie hatte warten müssen. Es war noch mehr mit ihm gemeint, das scheint er gespürt zu haben, und noch gewisser spürte es Meister Yün-men, denn er behielt ihn noch drei Jahre in seiner nächsten Nähe und hatte ein besonderes Auge auf ihn. Dann wurde der gewesene Aufwärter, reif zur Meisterschaft, entlassen, durchpilgerte auf dem Rückweg in seine Heimat abermals das halbe Reich, übernahm die Leitung eines Klosters und wirkte dort unter dem Namen Hsianglin vierzig Jahre lang. Manche erklärten ihn für den größten unter Yün-mens Schülern. Achtzig oder mehr Jahre alt, als er sein Ende nahe fühlte, begab er sich zum Fürsten Sung, dem Präfekten des Bezirks, der sein Verehrer und ein Gönner des Klosters war, um ihm zu danken und Abschied von ihm zu nehmen. Denn, sagte er, er habe sich entschlossen, wieder auf Pilgerschaft zu gehen. Darüber spöttelte einer von den Beamten des Fürsten und meinte, der Herr Abt sei wohl altersblöde geworden; wie sollte er denn, ur- alt und hinfällig, noch auf Wanderung gehen können? Der Fürst aber nahm den Meister in Schutz, enthielt sich eines Urteils, nahm höflich Abschied von ihm und beglei- tete ihn persönlich hinaus. Der Alte kehrte ins Kloster zu- rück. Ließ alle seine Mönche zusammenrufen, setzte sich nieder und sagte zur schweigenden Versammlung: »Der alte Mönch hier – vierzig Jahre nun schlägt er zu einem Blatt zusammen.« Und damit ging er schmerzlos und fried- lich in die Verwandlung ein. Addio, Carlo.

Dein J. K.

(1961)

Der erhobene Finger

(Für Wilhelm Gundert)

Meister Djü-dschi war, wie man uns berichtet,
Von stiller, sanfter Art und so bescheiden,
Daß er auf Wort und Lehre ganz verzichtet,
Denn Wort ist Schein, und jeden Schein zu meiden
War er gewissenhaft bedacht.
Wo manche Schüler, Mönche und Novizen
Vom Sinn der Welt, vom höchsten Gut
In edler Rede und in Geistesblitzen
Gern sich ergingen, hielt er schweigend Wacht,
Vor jedem Überschwange auf der Hut.
Und wenn sie ihm mit ihren Fragen kamen,
Den eitlen wie den ernsten, nach dem Sinn
Der alten Schriften, nach den Buddha-Namen,
Nach der Erleuchtung, nach der Welt Beginn
Und Untergang, verblieb er schweigend,
Nur leise mit dem Finger aufwärts zeigend.
Und dieses Fingers stumm-beredtes Zeigen
Ward immer inniger und mahnender: es sprach,
Es lehrte, lobte, strafte, wies so eigen
Ins Herz der Welt und Wahrheit, daß hernach
So mancher Jünger dieses Fingers sachte
Hebung verstand, erbebte und erwachte.

Junger Novize im Zen-Kloster

I

Meines Vaters Haus im Süden steht,
Sonne wärmt es sanft und Seeluft weht.
Von der Heimat träum ich manche Nacht,
Naß von Tränen bin ich oft erwacht.
Wittern meine Kameraden schon,
Wie mir ist? Mir bangt vor ihrem Hohn.
Alte Mönche schnarchen rauh wie Tiere,
Ich allein, Yü Wang, bin wach und friere.
Einmal, einmal nehm ich meinen Stab,
Binde die Sandalen, reise ab,
Tausend Meilen pilgre ich zurück
In die Heimat, ins verlaßne Glück.
Aber wenn des Meisters Tigerblick
Mich durchbohrt, erkenn ich mein Geschick,
Spüre Glut und spüre Eis im Leibe,
Zittre, schäme mich und bleibe, bleibe.

II

Ist auch alles Trug und Wahn
Und die Wahrheit stets unnennbar,
Dennoch blickt der Berg mich an
Zackig und genau erkennbar.
Hirsch und Rabe, rote Rose,
Meeresblau und bunte Welt:
Sammle dich – und sie zerfällt
Ins Gestalt- und Namenlose.
Sammle dich und kehre ein,
Lerne schauen, lerne lesen!
Sammle dich – und Welt wird Schein.
Sammle dich – und Schein wird Wesen.

Reiseberichte
Betrachtungen
Aufsätze

Begegnung

Aus: »Nachts im Suezkanal«

Auf dem Hinterdeck treffe ich einen kleinen, eleganten Chinesen aus Schanghai. Er lehnt aufrecht an der Brüstung und verfolgt die Scheinwerfer mit seinen dunklen, klugen Augen, und er lächelt dazu so hübsch wie immer. Er kann das ganze Shi-King auswendig, er hat alle chinesischen Examina gemacht und jetzt auch noch einige englische, er spricht über das Mondlicht über dem Wasser zart und nett in geläufigem Englisch und macht mir Komplimente über die schönen Landschaften Deutschlands und der Schweiz. Es fällt ihm nie ein, China zu rühmen, aber wenn er Lobendes über Europa zu sagen hat, klingt es bei aller Höflichkeit so überlegen, wie wenn der große Bruder nett ist und dem kleineren zu seinen starken Armen gratuliert. Wir wissen alle, daß in China gerade in diesen Tagen die große Revolution neu beginnt, die vielleicht dem Kaiser den Kopf kosten wird, und unser kleiner feiner Mann aus Schanghai weiß sicher weit mehr als wir und ist vielleicht gar nicht zufällig gerade jetzt unterwegs. Aber er ist still und arglos wie ein Berggipfel in der Sonne und strahlt in seiner höflich verschanzten Heiterkeit alle irgend unbequemen Fragen mit einer gewinnenden Sonnigkeit zurück, die uns alle verwirrt und mich entzückt.

Am Ufer erscheint ein lichter kleiner Fleck. Es ist ein weißer Hund, er läuft eine kleine Strecke weit den Strand entlang, streckt den mageren Hals lang aus und schaut zu uns herüber Aber er bellt nicht. Er schaut eine Weile scheu und still herüber, riecht am trüben Wasser und trabt lautlos davon, immer der schnurgeraden Uferlinie nach.

Der Chinese redet von den europäischen Sprachen, er rühmt die Bequemlichkeit des Englischen und den Wohllaut des Französischen, er bedauert entschuldigend, daß er nur ganz wenig Deutsch und gar kein Italienisch gelernt hat. Er lächelt dazu lieb und wohlgestimmt und folgt mit den feuchten, klugen Augen den Bewegungen der Schiffs-lichter.

Unterdessen fahren zwei große Dampfer langsam und unendlich behutsam an uns vorüber. Unser Schiff ist am Ufer angebunden. Der große Kanal ist kostbar und gebrech-lich und wird wie Gold geschont.

Ein englischer Beamter aus Ceylon tritt zu uns. Wir ste-hen lange und sehen ins tote Wasser, der Mond beginnt schon wieder zu sinken. Ich habe das Gefühl, ich sei seit Jahren von der Heimat fort. Nichts spricht zu mir, nichts ist mir nah und lieb, nichts tröstet mich als unser gutes Schiff. Die paar Bretter und Kammern und Lichter sind alles, was ich habe, und es macht mich unruhig, nach so viel Tagen plötzlich den vertrauten Herzschlag der Maschine nimmer zu hören und zu spüren.

Der Chinese redet mit dem englischen Beamten über Gummipreise, und ich höre immer wieder das Wort Rub-ber, das ich vor zehn Tagen noch nicht kannte und das mir jetzt so geläufig ist, das beherrschende Wort des Ostens. Er redet sachlich, hübsch und höflich, und er lächelt im-merzu im fahlen elektrischen Licht, wie ein Buddha.

Der Mond hat seinen kleinen Bogen beschrieben, er neigt sich und versinkt hinter den grauen Schutthalden, und mit ihm versinken die hundert kühlen, übelwollenden Blinklichter der Sümpfe und Seen, die Nacht steht dick und schwarz, scharf durchschnitten von den Lichtbahnen der Scheinwerfer, die ebenso unheimlich und lautlos und unendlich geradlinig sind wie der furchtbare Kanal selber.

(1911)

Abend in Asien

Abends Ankunft in Penang. Im Eastern and Oriental Hotel (dem schönsten Europäerhotel, das ich auf der hinterindischen Halbinsel traf) ward mir eine fürstliche Wohnung von vier Räumen angewiesen, vor der Veranda klatschte das braungrüne Meer an die Mauer, und im roten Sande standen groß und ehrwürdig die abendlichen Bäume. Die rotbraunen und gelben Segel vieler Dschunken, gebaut wie starksehnige Drachenflügel, leuchteten im letzten Tageslicht, dahinter der weiße Sandstreifen des Penangstrandes, die blauen siamesischen Berge und alle die winzigen, dick bewaldeten Koralleninselchen der wundervollen Bucht.

Nach Wochen eines unbequemen Wohnens in der beängstigend schmalen Schiffskabine genoß ich vor allem eine gute Stunde lang die Weite meiner Räume; ich probierte die ausschweifend bequemen Liegestühle des luftigen Vorzimmers, wo alsbald ein kleiner Chinese mit Philosophenaugen und Diplomatenhänden lautlos Tee und Bananen auftrug, ich badete im Baderaum und wusch mich im Ankleidezimmer. Dann kostete ich im hübschen Speisesaal bei ganz guter Tafelmusik zum erstenmal mit leiser Enttäuschung das üble Essen eines englisch-indischen Hotels. Inzwischen war eine tiefe, schwarze Nacht ohne Sterne heraufgekommen, die großen unbekannten Bäume rauschten wohlig im lauen, schweren Winde, und große unbekannte Käfer, Zikaden und Hummeln sangen, schwirrten und schrien überall heftig mit den scharfen eigenwilligen Stimmen junger Vögel.

Ohne Hut und in leichten Schlafschuhen trat ich auf die breite Straße hinaus, rief einen Rikschamann heran, stieg mit frohem Abenteuergefühl in den leichten Wagen und sprach mit Kaltblütigkeit meine ersten malayischen Worte, welche der flinke, starke Kuli so wenig verstand wie ich die seinen. Er tat, was jeder Rikschamann in diesem Falle tut, er lächelte mir mit seinem guten, kindlich bodenlosen Asiatenlächeln herzlich zu, wendete sich um und lief in frohem Trab davon.

Und nun erreichten wir die innere Stadt, und Gasse für Gasse, Platz für Platz, Haus für Haus glühte in einem erstaunlichen, unerschöpflichen, intensiven und doch wenig geräuschvollen Leben. Überall Chinesen, die heimlichen Herrscher des Ostens, überall chinesische Läden, chinesische Schaubuden, chinesische Handwerker, chinesische Hotels und Klubs, chinesische Teehäuser und Freudenhäuser. Dazwischen je und je eine Gasse voll Malayen oder Klings, weiße Turbane auf dunkelbärtigen Köpfen, blanke, bronzene Männerschultern und stille, ganz mit Goldschmuck behängte Frauengesichter rasch von einer Fackel beleuchtet, lachend oder aufheulend dunkelbraune Kinder mit dicken Bäuchen und wunderschönen Augen.

Hier gibt es keinen Sonntag, hier gibt es keine Nacht; ohne Ende und ohne sichtbare Pause geht die gelassene, gleichmäßige Arbeit weiter, nirgends nervös und übertrieben, überall fleißig und heiter. Klug und geduldig kauert auf hohem Brett der kleine Straßenhändler über seiner Bude, still und würdevoll arbeitet am Rande der brausenden Straße der Barbier, zwanzig Arbeiter klopfen und nähen in der Werkstatt eines Schuhmachers, freundlich breitet ein mohammedanischer Kaufmann auf niederen, breiten Ladentischen seine schönen Tücher aus, die aber fast alle aus Europa stammen. Japanische Dirnen sitzen kauernd am Steinrand der Gosse und girren wie fette Tauben; aus chinesischen Freudenhäusern glänzt golden der wohlbestellte steife Hausaltar, hoch über der Straße in offenen Veranden hocken alte Chinesen mit kühlen Gebärden und heißen Augen beim aufregenden Glücksspiel, andre liegen und ruhen oder rauchen und hören der Musik zu, der feinen, rhythmisch unendlich komplizierten und exakten chinesischen Musik. Köche sieden und braten auf der Gasse, Hungrige speisen an langen Brettertischen gesellig und feinschmeckerisch und sicher für zehn Cents nicht schlechter, als ich im Gasthaus für drei Dollar gegessen habe, Fruchthändler bieten unbekannte Früchte an, phantastische Erfindungen einer müßigen, überreichen Vegetation, kleine Buden haben ihre ärmlichen Güter, eine Handvoll getrocknete Fische oder drei Häuflein Betel, sorgsam mit Kerzen beleuchtet. Hier wandeln im verschwenderischen Licht, das namentlich der Chinese liebt, unverändert alle Gestalten der östlichen Märchen, nur die Könige, Wesire und Henker sind zum Teil verschwunden; gleich wie vor Jahrhunderten arbeitet der geschickte Barbier, tanzt die geschminkte Dirne, lächelt ergeben der Diener und blickt stolz der Herr, wie immer kauern wartend die Träger und Arbeitsuchenden, kauen Betel und erzählen einander Geschichten.

Ich besuchte ein chinesisches Theater. Da saßen still und rauchend die Männer, still und teeschlürfend die Frauen, vor ihrer hohen Empore turnte gefährlich auf schwankem Brett der Teeschenk mit mächtigem Kupferkessel. Auf der geräumigen Bühne saß eine Schar Musikanten, das Drama begleitend und seinen Takt kunstvoll betonend; auf jeden betonten Schritt des Helden fiel ein betonter Schlag der weichtönenden Holztrommel. Es wurde in alten Kostümen ein altes Stück gespielt, von dem ich wenig verstand und nicht ein Zehntel sah, denn das Stück ist lang und wird durch Tage und Nächte fortgespielt. Da war alles gemessen, studiert, nach alten heiligen Gesetzen geordnet und in rhythmischem Zeremoniell stilisiert, jede Gebärde exakt und mit ruhiger Andacht ausgeführt, jede Bewegung vorgeschrieben und voll Sinn, studiert und von der ausdrucksvollen Musik geführt. Es gibt in Europa kein einziges Opernhaus, in dem Musik und Bewegungen des Bühnenbildes so tadellos, so exakt und glänzend harmonisch miteinandergehen wie hier in dieser Bretterbude. Eine schöne, einfache Melodie kehrte häufig wieder, eine kurze, monotone Weise in Moll, die ich mir trotz aller Bemühungen nicht einprägen konnte und die ich später tausendmal wieder hörte, denn es war gar nicht, wie ich meinte, stets dieselbe Tonfolge, sondern es war die chinesische Grundmelodie, deren zahllose Variationen wir zum Teil kaum wahrnehmen können, da die chinesische Tonleiter viel kleiner differenzierende Töne hat als unsre. Was uns dabei stört, ist der allzu reichliche Gebrauch von Pauke und Gong; im übrigen ist diese Musik so fein und klingt abends von der Veranda eines festlichen Hauses so lebensfroh und oft so leidenschaftlich, lustbegierig, wie nur irgendeine gute Musik bei uns daheim es tun kann. Im ganzen Theater war außer der primitiven elektrischen Beleuchtung nichts Europäisches und Fremdes; eine alte, durch und durch stilisierte Kunst schwang ihre alten, heiligen Kreise weiter.

Leider ließ ich mich verführen, danach auch noch ein malayisches Theater zu besuchen. Da prangten grelle, wahnsinnige Kulissen von grotesker Häßlichkeit, von dem Chinesen Chek May in wohlgeglückter Spekulation auf die Affeninstinkte der Malayen gemalt, eine Parodie auf alle Entgleisungen europäischer Kunst, das ganze Theater von einer beiselhaften Drolligkeit und Hoffnungslosigkeit, die nach kurzem, krampfhaftem Lachvergnügen unerträglich wird. In üblen Kostümen spielten, sangen und tanzten malayische Mimen in varietéhafter Weise die Geschichte von Ali Baba. Hier wie später überall sah ich die armen Malayen, liebe, schwache Kinder, rettungslos an die bösesten europäischen Einflüsse verloren. Sie spielten und sangen mit oberflächlicher Geschicklichkeit, neapolitanerhaft heftig und manchmal improvisierend, und dazu spielte eine moderne Harmoniummaschine.

Als ich spät die innere Stadt verließ, klangen und glühten hinter mir die Gassen weiter, noch die halbe Nacht hindurch, und im Hotel ließ ein Engländer zu einsamem Nachtvergnügen ein Grammophon oberbayerische Jodler-quartette spielen. *(1912)*

Spazierenfahren

Nichts Schöneres als bei gutem Wetter in Singapur spazieren zu fahren! Man nimmt ein Rikschawägelchen, setzt sich hinein und hat nun außer der übrigen Aussicht immerzu den beruhigenden Blick auf den Rücken des ziehenden Kuli, der im Takt seines wiegenden Trabes auf- und niederhüpft. Es ist ein nackter, golden gelbbrauner Chinesenrücken und darunter ein Paar nackte, starke, athletisch ausgebildete Beine von derselben Farbe, dazwischen eine verwaschene Badehose aus blauem Leinen, deren Farbe mit dem gelben Körper und der braunen Straße und mit der ganzen Stadt und Luft und Welt ganz delikat zusammenklingt.

Daß auch die meisten Straßenbilder delikat und harmonisch aussehen, dafür müssen wir ebenfalls den Chinesen dankbar sein, die sich zu kleiden und zu tragen verstehen und deren hunderttausendköpfiges Gewimmel in Blau, Weiß und Schwarz die Gassen füllt. Dazwischen schreiten stolz und heldenhaft mit schwarzbraunen, hageren Gliedern und asketischen Augen hochgewachsene Tamilen und andere Inder, deren jeder auf den ersten Blick wie ein entthronter Radscha aussieht, die aber allesamt, nicht besser als die Malayen, mit negerhafter Hilflosigkeit auf jeden Importartikel hereinfallen und sich kleiden wie Dienstmägde am Sonntag. Man sieht da wunderschöne, dunkle, nobel blikkende Menschen genau in denselben schreienden, grellen, schonungslos farbigen Kostümen einhergehen, wie sie etwa auf heimatlichen Maskenbällen von jungen phantasievollen Ladengehilfen getragen werden – wahre Karikaturen von Trachten! Die klugen Kaufleute aus unserem Westen haben die indischen Seiden und Leinen entbehrlich gemacht, sie färbten Baumwolle und druckten Kattune viel greller, viel indischer, jubelnder, wilder, giftiger, als sie je in Asien gesehen worden waren, und der gute Inder samt dem Malayen ist ein dankbarer Kunde geworden und trägt um seine bronzenen Hüften die billigen, farbengrellen Stoffe aus Europa. Zehn solche indische Figuren genügen, um eine belebte Straße farbig unruhig zu machen und in ein Stück unechten »Orient« zu verwandeln. Aber sie kommen hier nicht auf, sie mögen noch so königlich schreiten und noch so papageienhaft leuchten, sie werden umschlossen und erstickt und still zugedeckt von dem diskreten gelben Volk aus China, das in hundert Straßen dicht und fleißig haust und wimmelt, von der uniformen, ameisenartigen Menge der Chinesen, von denen keiner in Farben schwelgen und seine Person zum König oder Hanswurst herausputzen will, deren unendlicher Schwarm in Blau, Schwarz und Weiß die ganze Stadt Singapur erfüllt und beherrscht.

Den Chinesen verdanken wir auch die langen, ruhigen, wohltuend gleichmäßigen Straßenzüge, wo Haus an Haus blau und bescheiden in der blauen stillen Reihe steht und jedes das andere hält und gelten läßt und hebt, mindestens so fein und diskret wie in Paris. Den Engländern aber verdanken wir die breiten, schönen, reinen, bequemen Wege, die anmutvollen Gartenvorstädte und die herrlichen Baumpflanzungen, die vielleicht das Schönste von ganz Singapur sind.

Da ist gleich vorn am Meere, mitten zwischen den protzigen Gebäuden und weiten, schönen Sportplätzen, die mittags so leer und kahl und unwahrscheinlich groß in der unbarmherzigen Sonne glühen, die mächtige Esplanade, eine fürstlich breite Allee von alten, herrlichen Bäumen, eine immer kühle, immer schattige, ehrwürdige Riesenhalle aus Laub und Ästen. Hier ist es schön am frühen Vormittag zu fahren, wenn über dem glänzenden Meer und über den ungezählten Schiffen und Segeln und schaukelnden Booten die heftige Sonne schräg herabbrennt und hinter Meer und Schiffen und Inseln den ganzen Horizont entlang phantastisch in Form von Türmen und riesigen Bäumen die steilen, weißen Morgenwolken stehen. Und es ist schön am Mittag, wenn ringsum alles in der Hitze kocht und brütet. Da ist die Einfahrt aus der blendenden Glut in diese dunkle Baumkühle nicht anders als der Schritt von einem sommermittäglichen Marktplatz in einen heilig kühlen Dom mit dunkeln Gewölben. Am Abend aber ist das schräg einfallende Licht voll Gold und Wärme, vom Meer weht frisch der duftende Wind; aufatmende Menschen fahren vergnügt in weißen Kleidern spazieren und spielen Ballspiele auf grünen, flachen Plätzen, deren Rasen im Abendlicht edelsteingrün leuchtet. Und nachts, da fährt man in die Esplanade ein wie in eine Zauberhöhle; in den kleinen Lücken zwischen den Baumkronen hängen grünfunkelnd die Sterne, im selben kühlen Feuer schimmern die Schwärme der Leuchtkäfer, und auf dem Meere schwimmt mit tausend roten Augen die geheimnisvolle Lichterstadt der Schiffe.

Ohne Ende sind die Gartenstraßen der äußeren Stadt. Da fährst du auf glatten, feinen, äußerst gepflegten Wegen immerzu, und überall zweigen stille Wege ab und führen durch grüne reiche Baumgärten zu stillen, luftigen Landhäusern, deren jedes Heimweh weckt und Glück zu hegen scheint, und über dir und um dich her atmet ruhig und lebendig die wunderbare Baumlandschaft, stundenlang, ein Park ohne Ende, mit Bäumen, die an Eichen und an Buchen, an Birken und an Eschen erinnern, die aber alle ein wenig ausländisch und märchenhaft schauen und größer, höher, üppiger sind als unsere Bäume.

Plötzlich sind wieder Häuser da, man fährt an Werkstätten, Läden und ernsthaftem Chinesenbienenleben vorüber, vergoldetes Porzellan und hellgelbe Messingwaren glänzen in Schaufenstern, fette indische Händler sitzen auf niederen Ladentischen zwischen Haufen von Seidenstoffen oder lehnen neben Schaukasten voll Diamanten und grünen Jettsteinen. Das heftige Straßenleben erinnert wohlig an italienische Städte, entbehrt aber völlig des wahnsinnigen Gebrülls, mit dem in Italien jeder Streichhölzerbub seine Bagatellen ausschreit.

Wieder kommen niedere Häuser, Bäume dazwischen, halbländliche Vorstadtluft, und plötzlich ist man unter Kokospalmen. Niedere Hütten, mit Palmblättern gedeckt, Ziegen, nackte Kinder, ein Malayendorf und, soweit der Blick reicht, tausend und wieder tausend Palmen streng und kahl, darunter flimmernd das weißlichgrüne Tageslicht.

Und kaum hat das Auge sich angepaßt und kaum hat das Bewußtsein mit Genuß den heftigen Kontrast zwischen geradlinig stilisierter Palmenwelt und laubig weicher, wirrer Parklandschaft verzeichnet, da geht alles wankend auseinander, erschrocken fällt der Blick in eine ungeheure Weite, man ist am Meere, an einem ganz neuen, stilleren und weiten Meer mit flachem Palmenstrand und wenig Booten, und hinten im Bogen liegt mit blauen Hügelsilhouetten Insel an Insel, alles überragt und klein gemacht durch die große Form eines chinesischen Segels, das mit hundert feinen Rippen wie ein Drachenflügel in den Himmel sticht.

(1912)

Chinesen

Unsere Zeit hat, trotz aller sozialen Arbeit, doch noch immer stark individualistische Ideale, in der Kunst und Kunstbetrachtung vor allem. Reichlich zwei Jahrzehnte lang hat Europa, dem genialen Jakob Burckhardt folgend, für die italienische Renaissance und die prächtige Kraft ihrer Gewaltmenschen geschwärmt, und Europa, speziell Deutschland, hat den seltsamen Irrtum begangen, sogar auf dem Gebiete des Handwerks und Kunstgewerbes einen heftigen Persönlichkeitskultus zu treiben.

Als Rückschlag auf diese Romantik erleben wir jetzt eine Wendung des ästhetischen und menschlichen Interesses zu Künsten und Völkern, deren Ideale durchaus überindividuelle waren oder sind. Vor allem hat Ostasien, weit über die ja längst vorhandene Freude an hübschen japanischen Erzeugnissen hinaus, bei uns eine erneute tiefe Teilnahme und ein eifriges Studium wachgerufen. Der chinesische Prophet Laotse, der Schwerverständliche, ist wiederholt übersetzt worden, und zwar in mehrere europäische Sprachen, darunter ganz neuerdings dreimal ins Deutsche. Eine sehr lesbare deutsche Ausgabe des Konfuzius ist erschienen, daneben haben seit Jahren die hübschen Japanbücher von Lafcadio Hearn gewirkt, und die ostasiatische alte Kunst ist in manchen wertvollen Monographien uns nähergebracht worden.

Im Osten selber, unter den Europäern Indiens und Chinas, werden zwar chinesische Kunstfertigkeit und Solidität hoch geschätzt, und wenige Weiße kehren nach Europa heim, ohne als beste Gabe aus dem Osten chinesische Gewebe und Stickereien, japanische und chinesische Holzarbeiten und Keramiken mitzubringen. Die Kaufleute draußen sprechen von den Japanern mit Abscheu, von den Chinesen mit einer gewissen, fast ängstlich-neidischen Achtung; große Erwerbsgebiete sind ganz in chinesischen Händen; auch in Handel und Schiffahrt sind sie als Konkurrenten europäischer Unternehmer gefürchtet, doch geachtet. Hingegen gilt in jenen Ländern, wo es keine europäischen Diener und Handarbeiter gibt, der Chinese trotz allem doch als ein Farbiger, für minderwertig und zurückgeblieben; man schätzt ihn wohl höher als etwa den Malayen oder Tamilinder, aber so richtig für voll wird er doch nur von wenigen Schwärmern oder tieferen Kennern genommen. Man kauft und schätzt seine Stickereien, man lobt die Exaktheit und Sauberkeit seiner manuellen Leistungen, man läßt seine hohe Intelligenz gelten. Aber die Europäer sind selten, denen beim Anblick einer Chinesenstraße die Bauart und farbige Abgestimmtheit des ganzen Bildes, die Nuancierung der Trachten, die Helligkeit und Intellektualität der Volksmenge nicht nur als ein hübscher exotischer Anblick imponiert, sondern als Produkt, als Ausdruck einer hohen, längst zu Instinkt und automatischer Tradition gewordenen Kultur zu denken gibt. Man lächelt über den chinesischen Kuli, der sich gleich den Indern, vermutlich aus guten hygienischen Gründen, mit Kokosöl einreibt; man erzählt viel von der Spielsucht der Chinesen aller Stände und munkelt je und je geheimnisvoll von einem Zuge tiefer, wilder Grausamkeit, der allen Chinesen im Grunde eigen sei. In der Wirklichkeit bekommt man von dieser Grausamkeit nie etwas zu sehen als seltene Polizeinachrichten oder Berichte aus älterer Zeit, meist aus Kriegs- oder Revolutionszeiten, und diese melden nichts Schlimmeres, als was uns auch aus europäischen Kriegen, selbst den allerneuesten, vertraut und geläufig ist. Das Opiumrauchen, an sich und als Volksgefahr gewiß nicht schlimmer als die Trunksucht in Europa, scheint im Rückgang begriffen, wird von europäischen Opiumhändlern unterstützt und von großen chinesischen Gesellschaften genauso bekämpft und überwacht wie bei uns die Trunksucht von den Abstinenzgesellschaften.

Worin die Chinesen, als Volk, hinter uns zurück sind, das sind zumeist äußere Vervollkommnungen der Zivilisation, das sind Maschinen und Kanonen und ähnliche Dinge, an denen man nicht Kulturen abmißt. Auch in diesen Dingen waren sie uns vor Jahrhunderten ziemlich voraus, sie haben auch solche Dinge wie Schießpulver und Papiergeld früher gehabt als wir. Auf diesen Gebieten sind sie von uns überholt worden und von uns abhängig geworden, nicht aber in der Wurzel ihrer Kultur, die zur Zeit zwar gefährdet, aber kaum lebensgefährlich angetastet scheint.

Diese Wurzel der chinesischen Kultur ist unseren aktuellen Kulturidealen so entgegengesetzt, daß wir uns freuen sollten, auf der anderen Hälfte der Erdkugel einen so festen und respektablen Gegenpol zu besitzen. Es wäre töricht, zu wünschen, die ganze Welt möchte mit der Zeit europäisch oder chinesisch kultiviert werden; wir sollten aber von diesem fremden Geist lernen und den fernen Osten ebenso zu unseren Lehrern rechnen, wie wir es seit Jahrhunderten mit dem westasiatischen Orient getan haben. Und wenn wir im Konfuzius lesen, der fünfhundert Jahre vor Christus gelebt hat, so sollen wir ihn nicht als ein verschollenes Kuriosum untergegangener Zeiten betrachten, sondern daran denken, daß nicht nur seine Lehre dies große Reich durch zwei Jahrtausende erhalten und gestützt hat, sondern daß heute noch seine Nachkommen in China leben, seinen Namen tragen und von ihm mit Stolz wissen – wo neben der älteste und kultivierteste europäische Adel kindlich jung erscheint. Laotse soll uns nicht das Neue Testament ersetzen, aber er soll uns zeigen, daß ähnliches auch unter anderem Himmel und früher schon gewachsen ist, und das soll unseren Glauben an die Internationalität der Kulturfähigkeit stärken. Und wenn wir aus der Geschichte einige chinesische Grausamkeiten hervorholen, deren es gewiß erhebliche gegeben hat, so sollen wir daneben auch jene Geschichten aus China stellen, die uns neben der Bibel und neben den Klassikern des Altertums als Vorbilder und fördernde Lehrer dienen können.

Ein chinesischer Kaiser der Tsin-Dynastie (um 230 v. Chr.) schlug eine Rebellion dadurch nieder, daß er den Anführer der Rebellen samt seiner und seiner Freunde Kinder töten ließ; seine eigene Mutter, die am Aufstand beteiligt war, schickte er in die Verbannung und ließ bei der Strafe des Zerhacktwerdens verbieten, ihn je wieder an seine Mutter zu mahnen. Das war nun gegen den chinesischen Geist gehandelt, um so mehr, als die Kaisermutter keine gefährliche Frau und nur verführt worden war. Siebenundzwanzig Adelige meldeten sich nacheinander beim Kaiser, das furchtbare Verbot mißachtend, und ermahnten ihn, seiner Mutter zu gedenken und sie zurückzurufen. Und alle siebenundzwanzig ließen sich, einer nach dem anderen und jeder vom Schicksal seiner Vorgänger wissend, von dem wütenden Kaiser umbringen. Sie wurden zerhackt, und es schien nun Ruhe zu sein. Aber da nun der Adel schwieg, kam aus dem Nebenstaat ein Gelehrter hergewandert und ließ sich zum Kaiser führen, um ihn ebenfalls an seine Pflicht zu mahnen. Der Kaiser empfing ihn mit dem Schwert in der Hand, ließ ihn vor einen Kessel mit siedendem Wasser führen, in den er geworfen werden sollte, und fragte, ob er das Schicksal kenne, das jene Adeligen getroffen hätte und das auch ihn erwarte. Der Gelehrte nickte nur und lächelte und begann den Kaiser mit den Worten zu ermahnen: »Achtundzwanzig Sternbilder gibt es, ich will ihre Zahl erfüllen.«

Und neben den Märtyrern westlicher Religionen und Kulturgemeinschaften stehen würdig die chinesischen Gelehrten unter dem Kaiser Schi. Der Kaiser war von seinen Gelehrten wiederholt ermahnt worden, die überkommenen Regeln der Sitte und des Regierens nicht zu mißachten. Sein Kanzler Li-Si aber verteidigte ihn und riet ihm schließlich, die Macht der hergebrachten Vorschriften und

Gesetze dadurch zu brechen, daß er alle gelehrten Bücher dieser Art im ganzen Land verbrennen lasse. Er ließ sich dazu überreden, und alsbald begann eine furchtbare Vernichtung aller Bücher im Lande, der wertvollsten und edelsten Dokumente altchinesischer Kultur. Den Gelehrten und Bücherbesitzern aber war bei schwerer Strafe befohlen, alle ihre Bücher binnen dreißig Tagen zu verbrennen oder den Beamten auszuliefern. Und obwohl jeder, der diesem Befehl zuwider handelte, sofort gefangengesetzt und verurteilt wurde, haben nicht weniger als vierhundertsechzig Gelehrte Trotz geboten und sich einsperren lassen und sind lebendig begraben worden. (»Chinesische Geschichte« von Heinrich Hermann, Stuttgart 1912.)

Unter den Geschichten, die unseren Kindern zu Vorbild und Erbauung in den Schulen erzählt werden, auch unter denen der Bibel, sind viele, die sich weder an Adel noch an Großartigkeit diesen und manchen ähnlichen Erzählungen aus der alten chinesischen Geschichte vergleichen lassen. Jener Gelehrte vor dem Schwert des Kaisers und vor dem Kessel mit siedendem Wasser ist mehr als Mucius Scävola; er opfert sich nicht nur für den Fortbestand des Vaterlandes, er ist bereit, für die Erfüllung einer idealen Pflicht zu sterben, im Widerstand gegen den Kaiser, der ihm heilige Vorschriften zu verletzen scheint. Er ist revolutionär aus Konservatismus, aus demselben Konservatismus, der uns westlichen Völkern unbegreiflich starr erscheint und der doch eines der größten Reiche und eine der wertvollsten Kulturen der Welt bis heute genährt und erhalten hat.

(1913)

Es ist gut, sich von Zeit zu Zeit darüber klar zu werden, wie Erlebtes sich in der Erinnerung verschiebt, klärt, verflüchtigt, und wie sehr das Bild unserer Erlebnisse, das wir nach einiger Zeit in uns tragen, verschieden ist von dem, das sie einst als Gegenwart in uns spiegelten.

Wenn ich mich jetzt, drei Jahre nach meiner malayischen Reise, an den Osten erinnere, so sehe ich die Einzelbilder jener Reise in ihrer Gegenständlichkeit leicht getrübt und verallgemeinert, es ist Colombo von Singapur, Ippoh von Kuala-Lumpur, der Batang Hari vom Moesi nicht mehr so scharf in umrissener Individualität abgetrennt und verschieden. Dafür treten einige große Zusammenhänge deutlicher hervor. Wenn man mich heute nach genauen sichtbaren Einzelheiten aus Palembang oder Penang oder Djambi fragt, so muß ich suchen und habe einige Mühe, Greifbares hervorzubringen; wenn man mich aber nach dem Wert und den Haupteindrücken meiner ganzen Reise fragt, so weiß ich besser und rascher Bescheid als damals gleich nach der Heimkehr.

Von den Wochen, die ich in Städten und Wäldern der Malacka-Halbinsel und Sumatras zugebracht habe, sind mir folgende Haupteindrücke als Erlebnisse geblieben, zusammengeschmolzen und kombiniert aus hundert kleinen gesehenen Einzelheiten:

Der erste und vielleicht stärkste äußere Eindruck, das sind die Chinesen. Was ein Volk eigentlich bedeute, wie sich eine Vielzahl von Menschen durch Rasse, Glaube, seelische Verwandtschaft und Gleichheit der Lebensideale zu einem Körper zusammenballe, in dem der Einzelne nur bedingt und als Zelle mitlebt wie die einzelne Biene im Bienenstaat, das hatte ich noch nie wirklich erlebt. Ich hatte Franzosen von Engländern, Deutsche von Italienern, Bayern von Schwaben, Sachsen von Franken zu unterscheiden gewußt, schließlich aber doch nur von den Engländern den Eindruck einer in ihrer Eigenart gepflegten, auf Rasse und Geschichte stolzen Volksgemeinschaft bekommen, und daran war das niedere Volk unbeteiligt. Bei den Chinesen sah ich zum erstenmal die Einheit eines Volkswesens so absolut herrschen, daß alle Einzelerscheinungen darin ganz und gar untergehen. Äußerlich und malerisch kann man von Malayen, Hindus oder Negern denselben Eindruck haben, Farbe, Kostüm und Lebensführung uniformieren alle diese Massen zu höchst sichtbaren Einheiten. Aber bei den Chinesen war von allem Anfang an der Eindruck eines Kulturvolkes da, eines Volkes, das in langer Geschichte geworden und gebildet ist und im Bewußtsein der eigenen Kultur nicht nach rückwärts, sondern in eine tätige Zukunft blickt.

Etwas völlig anderes ist der Eindruck, den die Naturvölker machen. Zu ihnen rechne ich die Malayen trotz ihres Handels, ihres Mohammedanismus und ihrer äußeren Zivilisationsfähigkeit durchaus mit. Den Chinesen gegenüber war mein Gefühl zwar stets eine tiefe Sympathie, aber gemischt mit einer Ahnung von Rivalität, von Gefahr; mir schien, das Volk von China müssen wir studieren wie einen gleichwertigen Mitbewerber, der uns je nachdem Freund oder Feind werden, jedenfalls aber uns unendlich nützen oder schaden kann. Nichts davon bei den primitiven Völkern. Auch sie erwarben sofort meine Liebe, aber es war die Liebe des Erwachsenen zu jüngeren, schwachen Geschwistern, zugleich auch erwachte das Schuldgefühl des Europäers, der an diesen Völkern bis heute nur Dieb, Eroberer und Ausbeuter geworden ist, noch nicht helfender und führender Bruder, mitleidiger Freund, helfender Führer. Daß aus diesen braunen gutartigen Völkern große Gefahren oder Gewinne für unsere Kultur zu erwarten seien, ist ohne jede Wahrscheinlichkeit. Daß aber die Seele Europas ihnen gegenüber voll von Schuld und ungebüßter Sünden starrt, läßt sich nicht leugnen. Die unterdrückten Völker der Tropenländer stehen unserer Zivilisation als Gläubiger mit älteren und gleichbegründeten Rechten gegenüber wie etwa die Arbeiterklasse in Europa. Wer im eigenen Automobil im Pelz an Arbeitern vorüberfährt, die müde und frierend nach Hause gehen, kann keine ernsteren Gewissensfragen an sich stellen als wer auf Ceylon oder Sumatra oder Java als Herr zwischen lautlos bedienenden Farbigen lebt.

Der dritte starke Eindruck meiner Reise war der Urwald. Ich kenne die neuesten Theorien über die Urheimat der Menschen nicht; für mich bleibt, zumindest symbolisch, der tropische Urwald die Heimat des Lebens, der einfache primitive Tiegel, in dem aus Sonne und nasser Erde lebendige Formen gebraut werden. Wir, die wir alle in Ländern leben, deren natürliche Produktionskräfte fast bis zur Grenze ausgebeutet, zumindest gekannt und gemessen sind, wir stehen mit unserem an Zahlen und Maße gewöhnten Denken inmitten des Urwaldes wie an der Wiege des Lebens und ahnen dort mit Staunen, daß die Erde noch kein erkalteter Stern in späten schwachen Zuckungen ist, sondern noch zeugenden Urschlamm kennt. Eine Flußfahrt zwischen Krokodilen, Reihervölkern, Adlern und großen Katzen oder ein Waldmorgen, wenn im gelb durchsonnten Geäst der filzigen Waldwildnis große Affenfamilien den Tag mit Gebrüll begrüßen, das ist für den an scharf begrenzte Felder, sorgsam gezogenen Wald und regulierte Revierjagd Gewöhnten ein wunderbares und mächtiges Erlebnis. Dazu der Geruch von Gefahr und das Gefühl von der Wertlosigkeit des Einzellebens, wenn man im feuchten dampfenden Dschungel nach Vögeln oder Schmetterlingen geht, Geheimnis und mögliche Gefahr auf allen Seiten, geiles Pflanzenwachstum und üppig brutendes Tierleben auf jedem Quadratfuß. Und die alte, selbstverständliche, in Europa doch tausendmal vergessene Herrschaft der Sonne! Das elementare Einbrechen der Nacht, die alles bis zum Grunde verwandelt, und das Aufglühen des raschen Morgens, der das Leben wiederbringt, das unendlich rasche und heftige Entstehen und Austoben der Regen und Gewitter, der warme, leicht animalische Geruch der nassen fruchtbaren Erde, dies alles ist für uns wie eine geheimnisvolle und lehrreiche Rückkehr an die Quelle unseres Lebens.

Schließlich aber ist doch ein menschlicher Eindruck der stärkste. Es ist der der religiösen Ordnung und Gebundenheit all dieser Millionen Seelen. Der ganze Osten atmet Religion, wie der Westen Vernunft und Technik atmet. Primitiv und jedem Zufall preisgegeben scheint das Seelenleben des Abendländers, verglichen mit der geschirmten, gepflegten, vertrauensvollen Religiosität des Asiaten, er sei Buddhist oder Mohammedaner oder was immer. Dieser Eindruck beherrscht alle anderen, denn hier zeigt der Vergleich eine Stärke des Ostens, eine Not und Schwäche des Abendlandes, und hier fühlen sich alle Zweifel, Sorgen und Hoffnungen unserer Seele bestärkt und bestätigt. Überall erkennen wir die Überlegenheit unserer Zivilisation und Technik, und überall sehen wir die religiösen Völker des Ostens noch ein Gut genießen, das uns fehlt und das wir eben darum höher stellen als alle jene Überlegenheiten. Es ist klar, daß kein Import aus Osten uns hier helfen kann, kein Zurückgehen auf Indien oder China, auch kein Zurückflüchten in ein irgendwie formuliertes Kirchenchristentum. Aber es ist ebenso klar, daß Rettung und Fortbestand der europäischen Kultur nur möglich ist durch das Wiederfinden seelischer Lebenskunst und seelischen Gemeinbesitzes. Ob Religion etwas sei, das überwunden und ersetzt werden könne, mag Frage bleiben. Daß Religion oder deren Ersatz das ist, was uns zutiefst fehlt, das ist mir nie so unerbittlich klargeworden wie unter den Völkern Asiens.

(1914)

Chinesische Betrachtung

Unter der gespanntesten Aufmerksamkeit aller Völker findet in Washington der Kongreß[1] statt, welcher einen Krieg zwischen Amerika und Japan verhindern und die Seerüstungen der Großmächte einschränken soll. Ein Teil der Aufgabe ist gelöst, ein gewisses Ziel ist erreicht. Es wird in absehbarer Zeit nicht zum Kriege zwischen Japan und Amerika kommen, es wird weniger Geld und Arbeit für den Bau von Kriegsschiffen vertan werden. Die Welt atmet auf.

Weniger als diese Ergebnisse wurde ein anderer Teil des Inhaltes jener Washingtoner Sitzungen in der Welt beachtet. Bei diesen Sitzungen haben die Starken und Mächtigen sich bis zu einem gewissen Grade geeinigt. Ein Schwacher aber war dabei, welcher wenig Gehör fand. Es war China. Die älteste zur Zeit bestehende Weltmacht, das uralte, ungeheure China, hat nicht jenen Weg der Anpassung an die westliche Welt gefunden, den Japan seit Jahrzehnten konsequent gegangen ist. China ist sehr schwach geworden, es spielt kaum mehr die Rolle einer selbständigen Macht und wird von den andern, den Mächtigen, beinahe nur noch als ein vorsichtig zu teilendes »Interessengebiet« angesehen.

Schon vor Jahren hat ein Chinese, ein Anhänger der alten, ehrwürdigen chinesischen Gedankenwelt, sich zu diesen Vorgängen in einem Sinne geäußert, der mit Politik nichts zu tun hat, dafür dem Geiste des »Tao Te King« nahesteht. Er sagte etwa so: Mögen die Japaner oder andere Völker uns erobern, unser Land nehmen, unsere Regierung führen! Mögen sie es tun! Es wird sich zeigen, daß wir die Schwächern sind, daß man uns erobern und auffressen kann. Möge dies also geschehen, wenn es Chinas Schicksal

---

1 Die Abrüstungskonferenz vom November 1921

ist! Dann aber, wenn die andern uns aufgefressen haben, dann erst muß sich zeigen, ob sie uns auch verdauen können. Es wird vielleicht so gehen, daß Regierung und Heer, Verwaltung und Finanzen japanisch, amerikanisch und englisch sein werden, daß aber die Eroberer China nicht ändern können, daß vielmehr sie vom Geiste Chinas erobert und geändert werden, daß sie allmählich Chinesen werden. Denn – China ist schwach in Waffenhandwerk und Politik, es ist aber reich an Leben, reich an Geist, reich an uralter Gesinnung. Dieses liebenswerten Chinesen dachte ich, als ich die letzten Washingtoner Berichte las. Und ich dachte: Schon jetzt, während China als Weltmacht seinen Niedergang begeht, schon jetzt, noch ehe es erobert ist, hat es ein gutes Stück des Westens erobert! In den letzten zwanzig Jahren hat das alte, geistige China, das vorher kaum einigen Gelehrten bekannt war, uns durch Übersetzungen seiner alten Bücher, durch den Einfluß seines alten Geistes zu erobern begonnen. Erst seit zehn Jahren ist Lao Tse in allen Sprachen Europas durch Übertragungen bekannt geworden und zu gewaltigem Einfluß gelangt. Wenn wir früher, bis vor zwanzig Jahren, vom »Geist des Ostens« sprachen, so dachten wir ausschließlich an Indien, an die Veden, an Buddha, an die »Bhagavad Gita«. Jetzt denken wir, wenn vom Geiste Ostasiens die Rede ist, ebenso sehr oder mehr an China, an die chinesische Kunst, an Lao Tse, an Dschuang Dsi, auch an Li Tai Pe. Und es zeigt sich, daß das Denken des alten China, zumal das des frühen Taoismus, für uns Europäer keineswegs eine entlegene Kuriosität ist, sondern uns im Wesentlichen bestätigt, in Wesentlichem berät und hilft. Nicht als ob wir aus diesen alten Weisheitsbüchern plötzlich eine neue, erlösende Lebensauffassung gewinnen könnten, nicht als ob wir unsere westliche Kultur wegwerfen und Chinesen werden sollten! Aber wir sehen im alten China, zumal bei Lao Tse, Hinweisungen auf eine Denkart, welche wir allzusehr vernachlässigt haben, wir sehen dort Kräfte gepflegt und erkannt, um welche wir uns, mit anderm beschäftigt, allzu lange nicht mehr gekümmert hatten.

Ich gehe zu der Ecke meiner Bibliothek, wo die Chinesen stehen – eine schöne, eine friedliche, glückliche Ecke! In diesen uralten Büchern stehen so gute und oft so merkwürdig aktuelle Sachen. Wie oft während der furchtbaren Kriegsjahre fand ich hier Gedanken, die mich trösteten und aufrichteten!

Und ich lese in einer Mappe mit Aufzeichnungen, die ich mir gesammelt habe, etwas von Yang Tschou.

Yang Tschou, ein chinesischer Weiser, der vielleicht ein Zeitgenosse des Lao Tse und älter ist als der indische Buddha, sagte einst, daß der Mensch sich zum Leben verhalten könne wie ein Herr oder wie ein Knecht. Daran anschließend sagte er den folgenden Spruch:

Von den vier Abhängigkeiten
Vier Dinge sind es, von welchen die meisten Menschen abhängen, welche sie allzu sehr begehren: Langes Leben – Ruhm – Rang und Titel– Geld und Gut.
Der beständige Wunsch nach diesen vier Dingen ist Ursache, daß die Menschen sich vor den Dämonen fürchten, daß sie sich voreinander fürchten, daß sie Angst vor den Mächtigen und Furcht vor Strafen kennen. Auf dieser vierfachen Furcht und Abhängigkeit beruht jeder Staat.
Die Menschen, welche diesen vier Abhängigkeiten unterliegen, leben wie Unsinnige. Einerlei, ob man sie totschlage oder am Leben lasse: das Schicksal kommt diesen Menschen von außen her!
Wer aber sein Schicksal liebt und sich mit ihm eins weiß – was fragt der nach langem Leben, nach Ruhm, nach Rang, nach Reichtum?!
Die Menschen dieser Art haben den Frieden in sich.

Nichts in der Welt kann sie bedrohen, nichts kann ihnen feind werden. Im eigenen Innern tragen sie ihr Schicksal. (1921)

Über mein Verhältnis
zum geistigen Indien und China

Von frühster Kindheit an war ich von außen her mit indischem Wesen vertraut, mein Großvater, meine Mutter und mein Vater waren alle drei lange in Indien gewesen, sprachen indische Sprachen (Malayalam, Kanaresisch, Hindostani, mein Großvater auch Sanskrit), in unsrem Hause waren viele indische Sachen, Kleider, Gewebe, Bilder etc. Unbewußt sog ich so viel Indisches ein. Besonders erinnere ich mich an schöne, lebhafte Erzählungen meiner Mutter aus ihrer indischen Zeit. Meine Eltern und Großeltern waren als Missionare tätig gewesen, mein Großvater war Jahrzehnte in Indien. Doch waren sie alle drei nicht vom Schlage des Durchschnitts-Missionars, waren tief in Sprachen und Seele Indiens eingedrungen, das sie sehr liebten. Ich erinnere mich eines handschriftlichen Buches, das mein Vater besaß und in das er während seiner indischen Zeit vieles eingeschrieben hatte, vor allem erinnere ich mich, daß darin viele buddhistische Gebete standen, von meinem Vater übersetzt, teils in Deutsch, teils in Englisch, und daß er uns zuweilen mit sichtlichem Gefallen an der Frömmigkeit und Poesie dieser Gebete daraus vorlas.

Bei meinen Eltern und Großeltern war sehr viel Liebe für Indien und viel Bereitschaft zum Verständnis Indiens vorhanden, doch stand ihr Christentum im Wege, sie anerkannten Indien und seine Ideen sehr, aber stets mit dem Vorbehalt, daß doch eben die Lehre Jesu allein göttlich und endgültig sei, ebenso wie sie auch Goethe und andre weltliche Weise schätzten, aber stets mit jenem mir fatalen Vorbehalt.

Seit dem Verlassen des Vaterhauses hatte ich keine Berührungen mit Indischem, und jene Einflüsse blieben ganz unbewußt. Erst im Alter von etwa 27 Jahren, als ich begann, mich mit Schopenhauer zu beschäftigen, stieß ich wieder auf indische Gedanken, in den folgenden Jahren hatte ich häufig Begegnungen mit suchenden Menschen, meist von mehr oder weniger theosophischer Färbung, und fand mich auch durch sie mehr und mehr auf indische Quellen gewiesen, lernte eine Übersetzung der Bhagavad-Gita kennen und war von da an in indischen Ideen heimisch. Bald fand ich auch das Dhammapaddam, von Neumann übersetzt, und Oldenbergs Buddhabuch, später die Werke von Deussen.

Meine damalige Philosophie war die eines erfolgreichen, aber müden und übersättigten Lebens, ich faßte den ganzen Buddhismus als Resignation und Askese auf, als Flucht in Wunschlosigkeit, und blieb Jahre dabei stehen.

Eine Bereicherung und teilweise Korrektur erfuhr mein östliches Wissen und Denken durch die Chinesen, die ich durch die Übersetzungen von Richard Wilhelm allmählich kennenlernte. Von Lao Tse erfuhr ich schon etwas vorher durch meinen Vater, der ihn durch den Tübinger Professor Grill kennengelernt hatte (Grill hat selbst eine Übersetzung des Tao Te King gemacht). Mein Vater, sein Leben lang ein frommer Christ, aber stets suchend und nie dogmatisch festgelegt, war die letzten Jahre seines Lebens intensiv mit Lao Tse beschäftigt, den er oft mit Jesus verglich. Ich selbst kam erst einige Jahre später zu Lao Tse, der mir nun für lange Zeit zur wichtigsten Offenbarung wurde.

Auch von anderer Seite her, aus den Folgerungen, die ich aus manchen Lehren der Psychoanalyse zog, ergab sich mir mehr und mehr ein Ideal dessen, was ich Weisheit nannte, und das Wissen von einem bipolaren, nicht einseitigen, synthetischen Denken. Die einzelnen Stationen der Entwicklung könnte ich nicht in Kürze angeben. Obwohl meine Lebensschicksale an Schwere zunahmen und mir sehr großes Leid brachten, verlor sich aus meinem Denken doch mehr und mehr die Resignation, und für mich bezeichnete ich diese Wendung zuweilen als eine Wendung von Indien nach China, d. h. von dem asketischeren Denken Indiens zu dem bürgerlicheren, »bejahenderen« Chinas.

Die östlichen Bücher, die mir wichtig wurden, sind: Die Bhagavad-Gita / Buddhas Reden / Deussens Vedanta und Upanishaden / Oldenbergs Buddha / Das Tao Te King, von dem ich alle deutschen Ausgaben las / Gespräche des Konfuzius / Gleichnisse des Dschuang Dsi.   *(1922)*

Vom chinesischen Geist

Wir Abendländer haben, trotz Krieg und trotz Sowjet, noch immer stark individualistische Ideale, vor allem in der Kunst und Kunstbetrachtung. Jahrzehntelang haben wir, dem genialen Jakob Burckhardt folgend, für die italienische Renaissance und den wilden Unabhängigkeitssinn ihrer Gewaltmenschen geschwärmt, und speziell Deutschland hat den seltsamen Irrtum begangen, sogar auf dem Gebiete des Handwerks und Kunstgewerbes einen heftigen Persönlichkeitskultus zu treiben.

Als Rückschlag auf diese Welle erlebten wir dann eine Wendung des allgemeinen Interesses zu Künsten, Völkern und Kulturen, deren Ideale durchaus überindividuelle waren oder sind. Die Hinwendungen eines Teiles der intellektuellen Jugend zum Mittelalter und Katholizismus (Führer und Sprecher der Bewegung sind: Max Scheler, Hugo Ball, P. L. Landsberg) gehört zu den Zeichen dieser Änderung. Gleichzeitig erwachte ein allgemeines, bis in die Tagesmode hinein spürbares Interesse für Ostasien, seine Kunst und seine Weisheit. Der chinesische Philosoph Laotse, vorher zwei Jahrtausende hindurch in Europa unbekannt, wurde in den letzten 15 Jahren in alle Sprachen Europas übersetzt und sein »Tao-te-king« ein Modebuch. In Deutschland war es Richard Wilhelm dessen Übersetzungen und Einführungen die klassische Literatur und Weisheit Chinas in einem bisher unbekannten Umfang eingeführt haben. Und während China politisch schwach und zerrissen ist und den westlichen Mächten beinahe nur noch als ein großes, reiches, höchst vorsichtig zu behandelndes Ausbeutungsgebiet erscheint, hält altchinesische Weisheit, altchinesische Kunst ihren Einzug nicht nur in die Museen und Bibliotheken des Abendlandes, sondern auch in die Herzen der geistigen Jugend. Auf die vom Krieg aufgewühlte studierende Jugend Deutschlands hat, nächst Dostojewski, in den letzten zehn Jahren gewiß kein anderer Geist so stark gewirkt wie Laotse. Daß diese Bewegung sich in einer ziemlich kleinen Minorität abspielt, nimmt ihr nichts von ihrer Bedeutung: die von ihr ergriffene Minorität ist gerade die, auf welche es ankommt: der begabteste, bewußteste, verantwortungsbereiteste Teil der studierenden Jugend.

Unseren modernen abendländischen Kulturidealen ist das chinesische so entgegengesetzt, daß wir uns freuen sollten, auf der anderen Hälfte der Erdkugel einen so festen und ehrwürdigen Gegenpol zu besitzen. Es wäre töricht, zu wünschen, die ganze Welt möchte mit der Zeit europäisch, oder sie möchte chinesisch kultiviert werden; wir sollten aber vor diesem fremden Geist jene Achtung haben, ohne welche man nichts lernen und in sich aufnehmen kann, und sollten den fernsten Osten mindestens ebenso zu unseren Lehrern rechnen, wie wir es (man denke nur an Goethe!) seit langem mit dem westasiatischen Orient getan haben. Und wenn wir in den überaus anregenden, von Klugheit funkelnden Gesprächen des Konfuzius lesen, so sollen wir sie nicht als ein verschollenes Kuriosum aus vergangenen Zeiten betrachten, sondern daran denken, daß nicht nur die Lehre des Konfuzius dies riesige Reich durch zwei Jahrtausende erhalten und gestützt hat, sondern daß heute noch die Nachkommen des Konfuzius in China leben, seinen Namen tragen und mit Stolz von ihm wissen – woneben auch der allerälteste und kultivierteste Adel Europas kindlich jung erscheint. Laotse soll uns nicht das Neue Testament ersetzen, aber er soll uns zeigen, daß ähnliches auch unter anderem Himmel und in noch früheren Zeiten gewachsen ist, und das soll unseren Glauben daran stärken, daß die Menschheit, sei sie noch so sehr in einander fremde und feindliche Rassen und Kulturen zerspalten, dennoch eine Einheit ist und gemeinsame Möglichkeiten, Ideale und Ziele hat.

Es herrscht bei uns, trotz jener jungen China-Begeisterung, noch immer in weitesten Kreisen die Meinung, die Seele des Chinesen sei der unseren doch eigentlich vollkommen fremd. Seine Tugenden, vor allem seine unermüdliche Geduld und sein stiller, zäher Fleiß seien eigentlich mehr passiver Natur, und seine Laster, vor allem die berühmte chinesische Grausamkeit, seien uns im Grunde weltenfern und völlig unverständlich. In Wahrheit sind das dumme Vorurteile. Der Chinese kann grausam sein, genau wie der Abendländer es auch sein kann, und er kann fromm und aufopfernd sein, genau wie auch der Europäer es gelegentlich sein kann. *(1926)*

Blick nach dem fernen Osten

Als ich vor fünfzig Jahren in Indien war, stand im ganzen Osten der weiße Mann noch als Herr den »Eingeborenen« oder »Farbigen« gegenüber. Es gab unter den Kolonisten und europäischen Kaufleuten manche, die sich für indische oder chinesische Architektur, für malayische Batik-Kunst, für Sprachen, Religionen und alte Bräuche jener Völker ein wenig interessierten, China-Porzellan oder javanische Wayangfiguren sammelten und ein offenes Auge für die Naturschönheiten jener Länder hatten: auf Java und Sumatra gab es auch unter den Kolonialbeamten einige, die in jungen Jahren für Multatuli[1] geschwärmt hatten. Aber auch ihnen war es nirgends möglich, die Schranke zu durchbrechen, die sie als Weiße und Herren von den Eingeborenen trennte. Ein kleiner Vorfall aus den Tagen meines Besuches auf Sumatra ist mir unvergeßlich geblieben.

Wir lebten ein paar Tage im Bungalow einer Handelsgesellschaft, die weit oben am Batang Hari eine Waldstrecke erworben hatte. Im Bungalow hausten vier Herren, vier Europäer. In ringsum verstreuten Schilfhütten hausten die malayischen Waldarbeiter, bei ihnen war auch unser chinesischer Koch untergekrochen. Eines Abends erschien bei uns der Aufseher der Arbeiter, ein schön und traurig aussehender Malaye, von dem man mir erzählt hatte, er sei von edler Herkunft, Sohn eines Häuptlings. Er begrüßte mich mit dem üblichen Zuruf:

»Tabeh tuan« (Gruß dir, Herr), den ich höflich mit »Tabeh tuan« beantwortete. Später, als der Aufseher wieder gegangen war, nahm mich der Manager der Firma beiseite

---

1 Multatuli (lat: »ich habe viel gelitten«) Pseudonym des holländ. Schriftstellers E. Douwes-Dekker (1820-1887), der u. a. in seinem Roman *Max Havelaar* gegen die Ausbeutung der Javanen durch den Kolonialismus kämpfte.

und belehrte mich tadelnd, daß ich niemals einen Malayen mit tuan (Herr) anreden dürfe.

Die beiden »farbigen« Völker, von denen ich am meisten gelernt und von denen ich den größten Respekt habe, sind die Inder und die Chinesen. Beide haben eine geistige und künstlerische Kultur geschaffen, die der unsern an Alter überlegen, an Gehalt und Schönheit gleichwertig ist.

Die Hochblüte des indischen Denkens fällt so ziemlich in die gleiche Zeit wie die des europäischen, in die Jahrhunderte etwa zwischen Homer und Sokrates. Damals wurden über Welt und Mensch in Indien wie in Griechenland die bisher höchsten Gedanken gedacht und zu großartigen Denk- und Glaubenssystemen entwickelt, die eine wesentliche Bereicherung später nicht erfahren haben, ihrer aber auch wohl nicht bedurften, denn sie stehen heute noch in voller Lebenskraft und helfen vielen Millionen Menschen das Leben bestehen. Der hohen Philosophie des alten Indien, die an Kühnheit der Spekulation wie an spitzfindiger Logik von keiner abendländischen übertroffen wird, steht eine überaus vielgestaltige, an Tiefe und an Humor reiche Mythologie gegenüber, eine volkstümliche Götter- und Dämonenwelt und Kosmologie von üppigster Bildkraft, die in der Dichtung wie in der Struktur, aber auch im Volksglauben blühend fortbesteht. Doch ist aus dieser farbig glühenden, tropisch wuchernden Welt auch die ehrwürdige Gestalt des großen durch Entsagung Überwindenden, des Buddha, hervorgegangen, und der Buddhismus erweist sich heute sowohl in seiner ursprünglichen indischen wie auch in der späteren chinesisch-japanischen Form des Zen nicht nur in seiner asiatischen Heimat, sondern auch im ganzen Westen, Amerika inbegriffen, als eine Religion von höchster Moral und starker Anziehungskraft. Seit etwa zweihundert Jahren ist das abendländische Denken häufig und kräftig vom indischen Geist berührt und beeinflußt worden, er hat auf dem Wege über Schopenhauer auch eine Elite der deutschen Intelligenz mit erzogen.

Wenn dieser indische Geist ein vorwiegend seelenhafter und frommer ist, so gilt das geistige Streben der chinesischen Denker vor allem dem praktischen Leben, dem Staat und der Familie. Wessen es bedarf, um gut und erfolgreich zum Wohl aller zu regieren, das ist das oberste Anliegen der meisten chinesischen Weisen, wie es ja auch das Anliegen Hesiods und Platons war. Die Tugenden der Selbstbeherrschung, der Höflichkeit, der Geduld, des Gleichmuts werden ebenso wie in der abendländischen Stoa hoch bewertet. Es gibt aber daneben auch metaphysische und elementare Denker, obenan Lao Tse und sein poetischer Schüler Dschuang Dse, und nach dem Eindringen der Buddha-Lehre hat China langsam eine höchst originelle, äußerst wirksame Form des Buddhismus entwickelt, das Zen, das ebenso wie die indische Form der Lehre auch im heutigen Westen von spürbarem Einfluß ist. Daß der chinesischen Geistigkeit eine nicht minder hoch und fein entwickelte bildende Kunst zur Seite steht, ist jedem bekannt.

Die heutige Weltlage hat an der Oberfläche alles verändert. Es war mit der Befreiung von den weißen Herren nicht getan, ganz andere Gewalten bilden jetzt den Sturmwind über Asien. Die Chinesen, einst das friedlichste und an kriegs- und militärfeindlichen Bekundungen reichste Volk der Erde, sind heute die gefürchtetste und rücksichtsloseste Nation geworden. Sie haben das heilige Tibet, neben Indien das frömmste aller Völker, barbarisch überfallen und erobert, und sie bedrohen dauernd Indien und andere Nachbarländer. Wir können das nur konstatieren. Vergleicht man etwa das politische Frankreich oder England des 17. Jahrhunderts mit dem heutigen, so zeigt sich, daß der politische Aspekt einer Nation sich im Lauf weniger Jahrhunderte gewaltig verändern kann, ohne daß dies auch eine entsprechende Veränderung im Kern des Volkscharakters bedeuten müßte. Wir müssen wünschen, daß auch im chinesischen Volk über die Zeiten dieser Verstörung hinweg sich viele seiner wunderbaren Charakterzüge und Begabungen erhalten. *(1960)*

Erinnerung an Lektüre

Die chinesische Flöte

Aus China hat der Verlag früher eine schöne Übersetzung der Sprüche des Lao-Tse gebracht.[1] Und jetzt kommt, von *Hans Bethge* bearbeitet und herausgegeben, »*Die chinesische Flöte*«, eine Auswahl der besten chinesischen Lyrik aller Jahrhunderte. Ein erstaunliches Buch! Oft ahnt man zwar betrübt das Köstliche, was auf dem weiten Umweg von den Originalen bis in diese deutschen Nachbildungen verloren gehen mußte, aber einstweilen und für lange Zeit ist eine getreuere Wiedergabe wohl unmöglich. Den Gipfel bildet Li-Tai-Po, der schwermütige Zecher und Liebende, mit seinen Versen, deren Außenseite lockend glänzt und die innen voll trostloser Trauer sind. Zwischen dem fremdländischen Schmuck der Lotosblumen dringen uns immer wieder Gefühle entgegen, die mit unbeschränkter Menschlichkeit uns an die Griechen, die alten Italiener, die Minnesänger erinnern.

(Aus: »Alter Wein in neuen Schläuchen«,
»Münchner Zeitung«, 27. 11. 1907)

Confucius deutsch

Im ersten Augenblick stehen wir befremdet und beinahe abgeschreckt, wenn wir hören, daß bei Eugen Diederichs in Jena die wichtigsten Dokumente chinesischer Kultur und Religion in zehn Bänden deutsch erscheinen sollen. Wer soll das lesen? Wer soll das verdauen? Müssen wir das nicht den Sinologen überlassen? Denn so froh wir ähnliche

---

1 *Die Bahn und der rechte Weg des Lao Tse.* Der chinesischen Urschrift nachgedacht von Alexander Ular. Insel Verlag, Leipzig 1903.

Erschließungen, namentlich der indischen Altertümer, sonst begrüßen, so stehen wir doch gerade den Chinesen in vollkommener Fremdheit gegenüber. Wir empfinden alles, was von dort kommt, als fremd, anders auf einem anderen Rhythmus, ja Lebensgesetz beruhend als unser Sein und Denken.

Der erste Band dieser großen Sammlung, der die Gespräche des Confucius bringt, hat mir diese Stimmung zum Teil bestätigt und bestärkt. Trotzdem zwingt die kluge Bewußtheit und offensichtliche Akkuratesse des Herausgebers dieser Riesenarbeit, des schwäbischen Theologen [Richard] Wilhelm in Tsingtau, zu Anerkennung und Dankbarkeit. Der Band Confucius beginnt mit einer ganz meisterlichen Einleitung des Übersetzers, deren Lektüre mehr als ein Genuß ist. Er bringt sodann die »Gespräche« des großen Chinesen in einer fast durchweg doppelten Übersetzung, einer nahezu wörtlichen und einer paraphrasierend sinngemäßen. Leicht ist die Lektüre nicht, und immer wieder hat man das Gefühl, eine fremde Luft zu atmen, welche von anderer Art und Zusammensetzung ist als die, die wir zum Leben brauchen. Dennoch bereue ich die mit diesen Gesprächen verbrachten Tage nicht. Berührt uns auch der chinesische Geist wie der Anblick von Erzeugnissen eines fremden Weltkörpers, so tut es doch wohl und ist eine treffliche Übung, einmal mehr als nur oberflächlich da hineinzuschauen. Denn das nötigt uns, unsere eigene individualistische Kultur auch einmal nicht als selbstverständlich, sondern im Vergleich mit ihrem Widerspiel zu betrachten. Und dabei bleibt es nicht, sondern es entsteht im Lesenden manchmal für Augenblicke die seltsam aufleuchtende Vorstellung der Möglichkeit einer Synthese beider Welten. Denn als innersten Kern im Wesen des großen Fremdlings Confucius erkennen wir dieselben Eigenschaften, die wir bei den großen Menschen der abendländischen Geschichte längst kennen. Wir empfinden Dinge als natürlich, die uns anfänglich wie groteske Verirrungen erschienen, und finden Dinge reizvoll, ja schön, die uns zuerst abschreckend trocken vorkamen. Und wir Individualisten beneiden diese chinesische Welt um die Sicherheit und Größe ihrer Pädagogik und Systematik, der wir nichts an die Seite zu stellen haben als unsre Kunst und unsere vielleicht größere Bescheidenheit vor der außermenschlichen Natur.

Ich beschließe meine Laienhafte Empfehlung dieser östlichen Weisheit mit einigen ausgewählten Sprüchen aus den »Gesprächen«:

Verkanntsein und Kennen
Nicht kümmere ich mich, daß die Menschen mich nicht kennen. Ich kümmere mich, daß ich die Menschen nicht kenne.

Der Polarstern
Wer kraft seines Wesens herrscht, gleicht dem Nordstern. Der verweilt an seinem Ort und alle Sterne umkreisen ihn.

Stufen der Entwicklung des Meisters
Der Meister sprach: Ich war fünfzehn, und mein Wille stand aufs Lernen, mit dreißig stand ich fest, mit vierzig hatte ich keine Zweifel mehr, mit fünfzig war mir das Gesetz des Himmels kund, mit sechzig war mein Ohr aufgetan, mit siebzig konnte ich meines Herzens Wünschen folgen, ohne das Maß zu übertreten.

(Aus: »Müchner Zeitung«, 6. 7. 1910)

Chinesisches

Was uns die Weisen des alten China zu sagen haben, mag mehr sein, als mancher von uns denkt; doch mag das Wesentliche wohl in wenigen Büchern Raum finden. Davon sind einige der wichtigsten, wohl die wichtigsten überhaupt, uns jetzt schon zugänglich gemacht.

Der berühmteste chinesische Weise war von altersher Confuzius, und insofern mit Recht, als er von allen Denkern den stärksten Einfluß auf Leben und Geschichte seines Landes gehabt hat. Ihn stellen wir uns denn auch im ganzen richtig vor, wenn wir ihn uns ganz »chinesisch« denken, das heißt formalistisch bis zur Pendanterie, aber wir tun den Chinesen Unrecht, wenn wir auf Grund dieses Urteils den chinesischen Geist überhaupt für steif und unphilosophisch-äußerlich halten, wogegen schon Confuzius selber genug Beweise enthielte. Daß es in China große Philosophen und Ethiker gegeben hat, deren Kenntnis für uns nicht weniger wertvoll ist als die der Griechen, Buddhas und Jesu, das ist noch immer wenig bekannt. Ist doch der größte Weise Chinas in der eigenen Heimat nie recht populär geworden und neben Confuzius, seinem etwas jüngeren Zeitgenossen, immer im Schatten geblieben. Ich rede von Lao-Tse, dessen Lehre in dem Buch Tao-te-king uns aufbewahrt worden ist. Seine Lehre vom Tao, dem Urprinzip alles Seins, könnte uns als philosophisches System gleichgültig bleiben oder höchstens interessierte Liebhaber anziehen, enthielte sie nicht eine so persönlich-kräftige, große und schöne Ethik, daß ihr letzter deutscher Bearbeiter, übrigens ein Theologieprofessor, den Lao-Tse direkt in Parallele mit Jesus stellt. Auf uns Ungelehrte nun wird freilich der Chinese einstweilen nicht so mächtige Wirkung üben können, da sein Werk für uns eine schwere, fremde Sprache redet, der nur mit Fleiß und echter Bemühung nahezukommen ist. Wer dazu Lust und Kraft hat, wird es nicht bereuen, wenn er den *Lao-Tse* in der eben erschienenen Übersetzung von *Julius Grill* (bei Mohr, Tübingen) studiert. Es handelt sich hier nicht um ein Kuriosum und eine literarisch-ethnologische Rarität, sondern um eines der ernsthaftesten und tiefsten Bücher des Altertums überhaupt.

Den *Confuzius* machen uns die bei Diederichs in Jena deutsch erschienenen »*Gespräche*« zugänglich. Von den späteren chinesischen Denkern ist einer der originellsten und dabei anschaulichsten nun auch, wenigstens in einer Auswahl, deutsch zu haben: »*Reden und Gleichnisse des Tschuang-Tse*«, deutsche Auswahl von *Martin Buber*, im Inselverlag, Leipzig. Tschuang-Tse ist dreihundert Jahre später als Lao-Tse, und Grill vergleicht sein Verhältnis zu jenem dem des Plato zu Sokrates. Es steht mir nicht an, weder über die chinesischen Bücher selbst noch über die Arbeit ihrer Übersetzer klug zu reden; ich wollte nur erzählen, daß diese merkwürdigen Bücher mir, der ich vom alten Orient nur die buddhistischen und dem Buddhismus verwandten Philosophien als Laie gekannt hatte, ganz neue Werte mitgeteilt haben. Ostasien hat, zwischen Buddha und Christus, eine nie zur Volksreligion gewordene Philosophie besessen, deren aktive, lebendig schöne Ethik der christlichen entschieden näher steht als der indisch-buddhistischen.

Ich habe mich manchmal darüber beklagt, daß wir von der Arbeit unserer akademischen Orientalisten so wenig Früchte zu sehen bekommen. Hier sind nun einige, und es ist nur zu wünschen, daß sie wirken und weiter wachsen. Ihre Kenntnis soll uns ja nicht auf fremde Wege führen, sondern eine frohe Bestätigung dessen bringen, was wir längst als unsern besten Besitz hochschätzten.

(Aus: »März«, München, 17. 1. 1911)

Chinesisches in München

In den vierziger Jahren hat der Orientalist und Ethnograph [Karl Friedrich] Neumann dem bayerischen Staat eine chinesische Bibliothek von etwa zehntausend Bänden geschenkweise überlassen. Zum Dank dafür wurde er, als freisinniger Neigungen verdächtig, einige Jahre später vorzeitig in den Ruhestand versetzt. Das war eine der einfachen, begreiflichen politischen Grausamkeiten, die niemand aufregen. Daß aber der bayerische Staat das Andenken dieses Neumann heute noch mit sonderbarer Hartnäckigkeit zu unterdrücken scheint und dessen Stiftung, die ein unschätzbares Unikum darstellt, geflissentlich totschweigt und der Wirkung beraubt, ist immerhin bemerkenswert. In der Münchener Hof- und Staatsbibliothek stehen jene zehntausend Bände chinesischer Literatur seit all diesen langen Jahrzehnten unbenutzbar als altes Papier, denn es existiert kein Katalog darüber, und die gewaltige Sammlung, die in Europa wenig ihresgleichen hat, verstaubt auf dem Speicher. Vielleicht erinnert sich die Akademie der Wissenschaften gelegentlich doch noch dieses Schatzes. So gut sie dafür sorgt, daß junge Kunsthistoriker durch Umdatieren alter Handzeichnungen oder andere scherzhafte Betätigungen in Übung gehalten werden, so gut könnte sie wohl auch eine der schönsten ostasiatischen Büchersammlungen aus einem Papierhaufen in ein nutzbringendes Kapital verwandeln helfen. Oder fürchten die Herren davon eine Art gelber Gefahr, nachdem doch der seit Jahrzehnten verstorbene Demagoge Neumann nicht mehr zu fürchten ist? *(Aus: »März«, München, 7. 2. 1911)*

Weisheit des Ostens

Vor einigen Monaten habe ich hier die deutsche Übersetzung der Gespräche des Confuzius mit Freude angezeigt. Nun erschien bei Mohr in Tübingen eine Übersetzung des *Lao-Tse* von Julius Grill. Der Tübinger Orientalist tritt damit nun auch außerhalb des Rahmens der alttestamentlichen Theologie bedeutend hervor und gibt eine von jenen dankenswerten Arbeiten, mit denen unsren Orientalisten leider so sparsam geworden sind. Er hat das *Buch vom höchsten Wesen und vom höchsten Gut*, das *Tao-Te-king* des Lao-Tse, vollständig nach einem der besten Texte übersetzt; es handelt sich also hier nicht um eine auswählende Bearbeitung oder um die Wiedergabe einer englischen Ausgabe, sondern um eine nach Möglichkeit treue Übertragung aus dem Chinesischen. Dadurch unterscheidet das Buch sich auch wesentlich von der poetischen Bearbeitung durch Ular,[1] die vor einigen Jahren erschien.

Neben die Vorstellung gehalten, die der Durchschnittseuropäer von der chinesischen Philosophie hat, erscheint Lao-Tse oberflächlichem Betrachten beinahe unchinesisch in seiner Lebendigkeit. Der Übersetzer vergleicht ihn recht einleuchtend direkt mit Jesus, und jedenfalls ist unter den bekannteren Denkern des fernen Ostens wohl keiner, dessen ethische Ideale uns westlichen Ariern näher stünden und verwandter wären als die des Lao-Tse. Neben der weltabgewandten, oft spitzfindig grübelnden Philosophie Indiens, die bei uns in letzter Zeit so sehr wieder studiert wird, mutet diese chinesische Weisheit durchaus praktisch und einfach an, und vollends neben manchen entarteten Seitensprüngen abendländischer Denkakrobatik kann man den beschämenden Eindruck gewinnen, dieser uralte Chi-

1 Vgl. S. 157f.

nese habe die elementaren Werte besser erkannt und habe größer und zweckmäßiger an der Entwicklung der Menschheit gearbeitet als so viele instinktverlassene Abendländer in ihrer anarchischen Spezialistenphilosophie.

Es scheint übrigens für diesen alten Chinesen in Europa ein beinahe begieriges Verständnis lebendig zu sein. Neben der Grillschen Übersetzung erschien nämlich dieser Tage eine zweite bei E. Diederichs in Jena. Sie ist von *Richard Wilhelm* in Tsingtau und geht, gleich Grill, direkt auf die chinesischen Quellen zurück. Zwei wertvolle Aufsätze leiten das Buch ein. Über die philologische Genauigkeit der beiden Übersetzungen steht mir kein Urteil zu, beide sind gründliche und schöne Arbeiten. Mag die Grillsche Ausgabe mit ihrem reichen Kommentar die wissenschaftlich brauchbarere sein, so zeichnet sich dafür die von Wilhelm durch eine kräftigere, bestimmtere, persönlichere Sprache und damit denn auch durch eine leichtere Zugänglichkeit aus. Als Probe sei der letzte Abschnitt des TaoTe-King in Wilhelms Verdeutschung hier mitgeteilt:

> Wahre Worte sind nicht schön,
> Schöne Worte sind nicht wahr,
> Tüchtigkeit überredet nicht,
> Überredung ist nicht tüchtig,
> Der Weise ist nicht gelehrt,
> Der Gelehrte ist nicht weise.
> Der Berufene häuft keinen Besitz auf.
> Je mehr er für andere tut,
> Desto mehr besitzt er.
> Je mehr er anderen gibt,
> Desto mehr hat er.
> Des Himmels Sinn ist segnen, ohne zu schaden.
> Der Berufenen Sinn ist wirken, ohne zu streiten.

(Aus: »Münchner Zeitung«, 24. 5. 1911)

Chinesische Geistergeschichten

»*Chinesische Geister- und Liebesgeschichten*« hat Martin Buber in einem kleinen Bändchen bei der Literarischen Anstalt in Frankfurt a. M. herausgegeben. Es handelt sich bei diesem überaus merkwürdigen Buche weder um eine poetisch-gelehrte Spielerei, noch um einen der üblichen belanglosen Beiträge zur sogenannten Folkloristik, sondern um die Erschließung einer Märchenwelt, die wir noch nicht kannten und die nach dem Schi-King und nach den Gleichnissen des Tschuang-Tse das dichterisch Wertvollste ist, was ich überhaupt aus der ältern chinesischen Literatur kennen gelernt habe.

Der Dichter, der diesen seltsamen, uralten Geschichten ihre Form gegeben hat, war Pu Sung Ling, ein armer Student und erfolgloser Gelehrter im 17. Jahrhundert, und es ist schade, daß wir nicht noch mehr von ihm haben, denn seine Geistersagen sind so einheitlich erzählt und so schön im Ton, daß man sie recht wohl mit den Märchen und noch mehr mit den Deutschen Sagen der Brüder Grimm vergleichen darf. Es sind volkstümliche Spukgeschichten, die ganz wie ihre europäischen Schwestern von Geistern Verstorbener und von Dämonen, von Träumen und Visionen handeln. Nur ist die Welt des Tages und des Menschentums zu der Welt der Nacht und des Dämonischen nicht in einen scharfen Gegensatz gestellt, die Geister gehen wie in Hoffmannschen Märchen am hellen Tage und mitten zwischen den Verrichtungen des Alltags ihre Wege, kreuzen die Wege der Menschen und treten zu ihnen beständig in die engsten Beziehungen, die gar nicht auf Furcht und Grauen, sondern auf Zuneigung und freundschaftlicher Nachbarschaft beruhen. Wie der geliebte schöne Leib eines Mädchens geisterhaft wieder beseelt und der Liebe zurückgegeben wird, so werden gemalte Bilder, Tiere, Gegenstände, ja Träume und Gedichte zu schönen feinen Geistwesen, die überall durch das Leben der Menschen gehen und mit Anmut und Adel sich zwischen den Lebenden bewegen. Zum unbegabten Studenten kommt der Geist eines toten Richters, gegen den sich jener höflich benommen hat, und bringt ihm Weisheit bei. Im Garten des Einsiedlers werden Blumengewächse zu schönen Frauen und verklären sein Leben. Ein Sternbild vom Himmel verliebt sich in einen Menschen und kommt zur Erde, um Glück und Leid zu kosten. Menschen werden in Vögel verwandelt, und liebreiche Geister machen Speise aus Erde, Kleider aus Blättern. Dabei geht es, wie es in Spukgeschichten soll, oft etwas wirr und traumschwül zu, auch die chinesische Freude am Grotesken schlägt gelegentlich unlogische Schnörkel, alles in allem aber ist nichts Dummes dabei, es herrscht ein Zusammenhang der Dinge und eine Verschiebung des Möglichen genau wie im Traume, und der Geist des Ganzen läuft in einer für uns Fremdlinge beschämenden Weise rein auf Gerechtigkeit und Güte hinaus, nicht auf Bosheit und Teufelei, wie so viele unserer Märchen. Leider bin ich noch nie bis nach China gekommen; aber ich habe wundervolle Tage in den Chinesenstädten der hinterindischen Halbinsel und des Archipels verbracht, und ich werde es nie vergessen, wie da zwischen entgleisenden Naturvölkern und zivilisierten europäischen Raubvölkern still und schön, fleißig und heiter, geschmackvoll und kultiviert die Chinesen leben. Jene lichte, doch kindliche Gescheitheit, die ich dort auf Tausenden von Gesichtern leuchten sah, jene ruhige Heiterkeit und betriebsame Genügsamkeit, die dort auf Gassen und in Tempeln mir hundertmal entgegentrat, die weht und lächelt auch in diesen feinen, phantastischen Dichtungen, die so gleichmäßig und dabei so voll wirrer Fülle sind, wie ein alter gestickter chinesischer Seidenteppich, auf dem Hunderte von Vögeln, Drachen, Blumen, Menschen, Bäumen und Wolken in feiner geduldiger Stickerei nebeneinander stehen und, ohne daß man wüßte, wie sie zusammengehören, eine stille, frohe Welt bilden, deren Schönheit wir Abendländer nur eben noch begreifen, doch weder erklären noch nachbilden können. Es geht da überaus zart und anmutig zu: »Er bemerkte eine junge Dame mit ihrer Dienerin. Sie hatte eben einen Pflaumenblütenzweig gebrochen, und ihr lächelndes Gesicht war unwiderstehlich. Er starrte sie an, ohne den Anstand zu beachten; und als sie vorbeigegangen war, sagte sie zu ihrer Dienerin: ›Dieser junge Mensch hat glühende Augen wie ein Dieb.‹ Als sie lachend und schwatzend weiterging, ließ sie die Blüte fallen; Wang hob sie auf und stand trostlos da, als wäre seine Seele von ihm gegangen. Dann kehrte er in einer sehr schwermütigen Verfassung heim, und nachdem er die Blüte unter sein Kissen getan hatte, legte er sich nieder.« – Wer sollte denken, daß dies hübsche Mädchen mit dem Pflaumenblütenzweig ein Geist, ja eine »Füchsin« sei! Sie ist es aber, und sie wird später von Herrn Wang gewonnen und versilbert sein Leben mit ihrem heiteren Lachen.

»Der Ärmel des Priesters« handelt von einem magischen Priester, und seit ich in Singapore den berühmten chinesischen Zauberer Han Ping Chien lächelnd seine Kunst üben sah, kann ich mir diesen Priester ganz genau vorstellen, der die Leute in »einen Ärmel steigen« läßt, wo sie in einem großen Hause zu sein glauben und wo sie Liebesverse an die Wand schreiben, die sie nachher, wenn sie aus dem Traum erwachen, wieder im täglichen Leben wandeln, mit Befremdung in winzig kleinen, doch deutlichen Lettern im Innern des Rockärmels angeschrieben finden. Noch schöner, vielleicht das Schönste ist aber »Der Traum«. Da legt ein Mann sich am Nachmittag ein wenig nieder, und plötzlich steht vor ihm ein Herr in honigfarbenem Kleide und richtet ihm eine Einladung von seinem Fürsten aus. Der Mann geht mit, er kommt an den Hof des Fürsten, er trinkt dort Wein, hört Musik und genießt Speise, er sieht und liebt die Tochter des Fürsten, er wird ihr Mann und ist eben im vollen Glück, als ein furchtbares Ungeheuer den ganzen Hofstaat zu vernichten droht. Alles flieht, er aber will bei seiner Liebsten bleiben, und über dem Getümmel und Todesschreck wacht er auf und liegt wieder auf der Bank, wo er vor unvordenklicher Zeit sich zur Ruhe gelegt hat. Er hat aber im Ohr ein Summen, dessen Ton ihm vom Traume her seltsam vertraut ist, und als er nachsieht, sind es Bienen, die sich um ihn drängen, und als er weiter forscht, ist ein ganzer Bienenschwarm auf der Flucht vor einer Schlange, die in seinen Korb drang, bittflehend zu ihm gekommen. Er nimmt ihn auf und tut damit nichts, als seinen Dank für all das Schöne abstatten, was er bei den Bienen erlebt hat, denn ihr Hofstaat war der seines Traumes, ihr König war sein Gastfreund, und das Ungeheuer war die Schlange. – In dieser Erzählung ist Traum und Realität so zart und geschmeidig und sinnbildhaft ineinander gewoben, wie auf einer Tempelstickerei magische Bilder und Schriftzeichen ineinander geschlungen sind.

Martin Buber hat schon manches interessante Buch herausgegeben, aber nichts Schöneres als diese Geistergeschichten, von denen ich gerne noch viele Bände voll lesen möchte.

(Aus: »Neue Zürcher Zeitung«, 25. 3. 1912)

Das wahre Buch vom südlichen Blütenland

Vor zwei Jahren gab Martin Buber im Inselverlag ein Büchlein heraus: Reden und Gleichnisse des Tschuang Tse, das wir damals mit Dankbarkeit aufnahmen als einen schönen Beitrag zur Erschließung chinesischen Geistes, und dessen dichterischer Gehalt uns überraschend stark berührte. Es sind in diesen paar letzten Jahren eine Anzahl von chinesischen Hauptwerken in deutschen Bearbeitungen erschienen, und die seit den Rückertschen Zeiten so sterile Wissenschaft der Orientalisten scheint damit, und zugleich mit der immer intensiveren Bearbeitung der indischen Schätze, tatsächlich eine neue Blütezeit zu eröffnen.

Und nun gibt der aus mehreren Publikationen als Kenner und sorgfältig arbeitender Übersetzer bekannte *Richard Wilhelm »Das wahre Buch vom südlichen Blütenland«* heraus, das nichts anderes ist als eine vollständigere Ausgabe jenes Tschuang Tse. Er heißt hier Dschuang Dsi, und wenn jenes Bubersche Buch zunächst in seiner glänzenden Zusammenstellung des Wertvollsten blendender war, so freut man sich nun doch, den chinesischen Denker und Aphoristen vollständiger kennenzulernen. Er verliert dabei nicht, obwohl es eine Übertreibung war, sein Verhältnis zu Laotse dem des Plato zu Sokrates zu vergleichen. Dschuang Dsi ist der größte und glänzendste Poet unter den chinesischen Denkern, soweit wir sie kennen, zugleich der kühnste und witzigste Angreifer des Konfuzianismus. Die Lehre des Laotse freilich lernt man durch ihn wohl fühlen, aber nicht eigentlich kennen, er ist ein beweglicher und farbiger Spiegel. Er ist eine zu starke Persönlichkeit, um eigentlich zum Schüler und Apostel zu passen, und manchmal macht er mit seiner Beredsamkeit einen fast dialektisch-sophistischen Eindruck. Dafür ist er ein großer Dichter, ein Meister des Gleichnisses, das wir bei Laotse selbst durchaus vermissen. Er gibt oft Farben und Lichter, deren Spiel nicht ganz mehr der heiligen Lehre entspricht; aber er gibt auch oft Fleisch und Blut, wo der reine Geist des Laotse uns unfaßbar wird und entgleitet.

Von allen Büchern chinesischer Denker, die ich kenne, hat dieses am meisten Reiz und Klang. Doch sollte, wer es liest, immerhin mit Laotse selbst nicht mehr völlig unvertraut sein. Das Buch ist bei E. Diederichs in Jena erschienen. *(Aus: »Der Bund«, Bern, 10. 11. 1912)*

In letzter Zeit kam ich, nach zehn Jahren Pause, wieder an die Lektüre Nietzsches und finde darin sehr viel neue Anregung und Genuß, allerdings einen höchst schmerzlichen Genuß, denn es gibt kaum ein melancholischeres Bild als das dieses edlen, feinst organisierten Mannes, der in einer unsäglichen Einsamkeit lebte und dessen zart organisierte Seele jeden Schmerz, den er als Denker andern zufügte, vorher tiefer selbst empfunden hatte. Dabei ist mir in seinem »Antichrist« eine kleine Stelle über Laotse aufgefallen, die dich frappieren wird. Es heißt da, Jesus »würde sich unter Indern der Sankhyam-Begriffe, unter Chinesen derer des Laotse bedient haben«. Diese Verwandtschaft hat also Nietzsche schon 1888 gefühlt!

(Aus einem Brief vom 16. 3. 1914
an seinen Vater Johannes Hesse)

Die chinesischen Novellen, nicht in der alten Gelehrtensprache abgefaßt und darum nicht zur klassischen Literatur gerechnet, sind für uns von ganz besonderem Wert, weil sie das Leben des mächtigen, für uns täglich wichtiger werdenden Volkes in tausend anschaulichen Einzelheiten beschreiben: Familienleben, Handel, Beamtenschaft, Rechtsfälle, Adoption, Kunstleben und andere Spiegelungen dieser ältesten nationalen Kultur der Welt. Die frühesten dieser Geschichten stammen aus dem 15. Jahrhundert, aber die Stoffe und die moralischen Grundwerte bleiben sich durch alle Jahrhunderte gleich. Gemeinsam ist ihnen allen die hohe Achtung vor der Reinheit des Familienlebens und daneben die ebenfalls ganz chinesische Wertschätzung des materiellen Eigentums. Tugendhaft sein und Reichwerden sind beides chinesische Ideale seit alter Zeit und schließen einander in der populären Auffassung keineswegs aus. Durch die Verehrung der Toten gewinnt das tägliche Leben an

Beziehungen und Tiefe, und Seelen- und Dämonenglaube spukt in hundert Formen durch die meisten chinesischen Novellen, wodurch viele eigentlich zu Märchen werden. Man denkt dabei unwillkürlich an chinesische Städte, deren Straßen von intensivstem Leben und glühendster Gegenwart wimmeln, während in der Umgebung überall die ausgedehnten und üppigen Grabmäler das Land beherrschen.

(Aus: »Meisterwerke orientalischer Literaturen«,
»Der Tag«, Berlin, 26. 6. 1914)

Chinesische Volksmärchen

Richard Wilhelm in Tsingtau, der für das Verstehen chinesischen Geistes in Deutschland so viel getan hat, gibt soeben bei Diederichs in Jena einen Band *»Chinesische Volksmärchen«* heraus. Das Buch ist uns nicht nur seiner poetischen Werte wegen willkommen, sondern auch darum, weil die Mehrzahl dieser Märchen nicht aus gedruckten Quellen stammt, sondern nach mündlicher Tradition aufgeschrieben wurde. Diese Geschichten, Fabeln, Anekdoten, Sagen erzählt sich das Volk, sie gehören nicht jener geheimnisvollen, hinter zehn Mauern verzauberten »Literatur« an, die niemand lesen kann, sondern sind lebendig und gehen noch heut von Hand zu Hand, nicht als Kostbarkeit unter Gelehrten und Kennern, sondern als Besitz des Volkes.

Einige von diesen Märchen waren schon bekannt, und es ist nicht ohne Interesse, die verschiedenen deutschen Fassungen zu vergleichen. Zum Beispiel die Geschichte von Ying-Ning, dem lachenden Mädchen, steht auch in Bubers »Geister- und Liebesgeschichten« mit nicht unbedeutenden Abweichungen.

Je notwendiger eine gründliche Auseinandersetzung mit Ostasien uns erscheint, je aktueller schon rein politisch das Bedürfnis nach einem Verständnis des Ostens wird, desto wichtiger wird es, die Völker Ostasiens aus ihrem eigenen Denken und Wesen heraus kennenzulernen, und dazu ist kein anderer Weg als durch ihre Kunst und Dichtung. Hier spielen die Volksmärchen eine große Rolle, denn hier ist, nächst dem Theater, die wahre Quelle der geistigen Volksnahrung. Was ich aus diesen Märchen lese, stimmt nun durchaus überein mit dem Eindruck, den mir die Chinesen Singapores gemacht haben. Wir finden viel Naivität, Kindlichkeit und Spielerei, daneben eine große Feinfühligkeit im Ästhetischen, Betonung der poetischen Einzelheit, Freude am Detail überhaupt neben einer gewissen Gleichgültigkeit gegen den erzählerischen Aufbau (mit Ausnahme der Kunstmärchen). Geisterglaube und andere animistische Vorstellungen herrschen durchaus, selten siegt persönliche Überlegenheit über diese dämonischen Abhängigkeiten. Dafür aber steht der Gebundenheit und Primitivität solcher Anschauungen ein Gebäude von moralisch-politischer Lebensbeherrschung gegenüber, eine Autorität der Sitte, eine Zucht der Höflichkeit, eine Heiligkeit der auf der Familie aufgebauten sozialen Autorität, die wir voll Hochachtung bewundern müssen.

Das schöne, gar nicht teure Buch ist gut gedruckt und mit 23 Reproduktionen chinesischer Holzschnitte geschmückt. Es gibt kein europäisches Märchenbuch, dessen Bilder mit den Texten einen so starken, rassigen, charaktervollen Akkord bildeten. *(Aus: »März«, München, 8. 8. 1914)*

Die zwei Pole

Alles chinesische Wesen, vor allem alle chinesische Dichtung hat für mein Gefühl zwei Gesichter, zwei Seiten, zwei Pole. Die eine Seite ist eine stille, naive Gegenwärtigkeit, ein konservativ praktisches Verharren bei den Realitäten des täglichen Lebens, eine Achtung vor Leben, Gesundheit, Familienglück, vor Gedeihen, Besitz, Reichtum in jeder Form. Das zweite Gesicht, das viele indische Einflüsse zeigt, ist eine Neigung zur Kontemplation, welche bei den eigentlichen Denkern des alten China rein geistig und nahezu bildlos bleibt, die aber im Volk eine Mythologie und Dämonologie von großer Buntheit und oft grotesker Fremdartigkeit erzeugt hat. Stünde über alldem nicht heiligend die große uralte Idee des Ostens, die Erkenntnis von der Einheit alles Seienden, so könnte man die Höllen und Himmel, Teufel und Zaubereien dieser Phantasiewelt gewiß nicht überall liebend gelten lassen. So aber sind sie schnurrige Zipfel am Gewande des wahren Gottes, und wenn man sich recht besinnt, findet man nicht nur in unserm Mittelalter, sondern im Glauben heutiger Europäer Gegenbeispiele genug. Wir Westländer stehen erstaunt vor dieser Mischung von klarstem Wirklichkeitssinn mit ungehemmtester Phantastik, deren Rätsel erst dann durchsichtig wird, wenn wir uns die paradiesische Einheit von Denken und Fühlen vorstellen, die noch heute im Osten lebt.

(Aus: »Ein Bibliotheksjahr«, »Neue Zürcher Zeitung«,
27. 6. 1915)

Tao Teh King

[Von Lao Tse. Übertragen von H. Federmann.
C. H. Beck'sche Verlagsbuchhandlung, München]

Um das Tao-Buch zu lesen, müßten wir nicht die chinesische Sprache, wohl aber die chinesischen Schriftzeichen lernen. Wer sie kennte, dem wären Übersetzungen entbehrlich. Wir andern müssen uns freuen, wenn je und je wieder
eine neue Übersetzung des tiefsten und dunkelsten aller
Bücher Chinas erscheint. Die vorliegende steht in Form
und Auffassung sehr nahe bei der von [Richard] Wilhelm,
die mir auch heute noch die beste scheint. Da und dort zeigt
Federmann den Willen zu noch präziserer Form, und zieht
eine vielleicht etwas gewaltsame Klarheit einem zweifel-
haften Dunkel vor. Wörtlich und »richtig« übersetzt und
verstanden wird Lao Tse's Buch niemals werden, der Weg
in dies Buch hinein führt an den Worten vorbei, es müssen dem Leser Begriffe wie »Tao« aus Worten zu Wesen
werden, die er gleich dem chinesischen Schriftbild wesen-
haft und von allem nur Sprachlichem gelöst vor sich zu
erblicken vermag. Dann tut Tao seinen Sinn auf, dann
wird es Sonne und Licht.

(Aus: »Vivos voco«, Leipzig, Juli 1921)

Als ein Dichter, der auch Maler ist[1] und der seiner Malerei wegen viel getadelt oder gehöhnt wird, las ich mit Entzücken, daß nicht immer Poesie und Malerei, Geist und
Pinsel so getrennt waren wie heute, daß im alten China
eine Reihe der hervorragendsten Maler nicht Handwerker
waren, nicht Nur-Maler, sondern Dichter, Philosophen,
Kaiser und Minister. Ich las dies in einem wundervollen

---

1 1917 hatte Hesse begonnen zu aquarellieren und seitdem lebenslang gemalt.
  In seinem Nachlaß fanden sich mehr als 3000 Aquarelle.

Buche, das auf sympathische, innig einfühlende Art eine der geistigsten, höchstkultivierten Kunstentwicklungen der Vergangenheit uns vorführt und zu erklären sucht. Es ist *Otto Fischers* Buch »*Chinesische Landschaftsmalerei*« (bei Kurt Wolff), dessen 63 Bildwiedergaben uns eine Reihe von köstlichsten Schöpfungen dieser zarten, tiefen, seelenvollen Kunst zeigen, soweit eben gute Nachbildungen diese Werke zu zeigen vermögen, die für uns entlegen und unzugänglich sind, da wenige europäische Sammlungen Originale besitzen. Jedem von uns aber ist der Nachklang dieser edlen Kunst einigermaßen bekannt aus späten Nachahmungen, aus chinesischen und japanischen Malereien und Holzschnitten auf Seide und auf Reispapier, aus Stickereien und Fächerbemalungen. Wenn man in Fischers köstlichem Buch von diesen alten Werken liest, über welche schon die Kenner und Weisen des alten China Beschreibungen und Deutungsversuche geschrieben haben, dann wird einem ähnlich wehmütig-froh zumute, wie wenn man in geschriebener Chormusik des 16. und 17. Jahrhunderts blättert, wo die himmlischste, edelste, engelhafteste Musik der Welt begraben liegt in alten Papierrollen, weil heute kein Land der Erde mehr die Mittel besitzt, diese Musik aufzuführen.

(Aus: »Ein paar schöne neue Bücher«,
»Vossische Zeitung«, Berlin, 28. 8. 1921)

Chinesisch-deutsche Jahres- und Tageszeiten

[Lieder und Gesänge, verdeutscht von Richard Wilhelm,
Eugen Diederichs, Jena 1922]

Seit fünfzig Jahren oder etwas länger (schon Friedrich Rückert begann damit) tauchten in Deutschland je und je Versuche auf, chinesische Lyrik zu übersetzen. Von den nen-

nenswerten Übersetzern war aber kein einziger des Chinesischen selbst mächtig; sie nahmen englische und andere Übertragungen zu Hilfe. Jetzt gibt R. Wilhelm, ohne Zweifel derjenige Deutsche, der bisher am tiefsten in chinesisches Wesen eingedrungen ist, eine Auswahl von Nachdichtungen, welche auf genauer unmittelbarer Kenntnis der Originale beruhen. Daß es sich um Nachdichtungen, nicht um den Versuch »wörtlicher« Übersetzungen handelt, zeigt schon der an Goethe mahnende Titel des schönen Buches. Ein Aufsatz über chinesische Dichtung und kurze Auskünfte über die einzelnen Dichter zeigen sofort den gewiegten Kenner, die Übertragungen dagegen zeigen nichts von ängstlichem Bemühen, sich in fremde Formen einzuschleichen, sondern bedienen sich deutscher Strophengefüge, deutscher Reime, sogar des Dystichons mit behaglicher Freiheit. Richard Wilhelm hat häufig in den Kommentaren zu seinen wundervollen Übersetzungen chinesischer Denker eine tiefe Vertrautheit mit Goethe gezeigt, sie klingt auch in diesen Nachdichtungen häufig auf. Die Sprache, das Deutsch dieser Nachdichtungen ist nicht im höchsten Sinne schöpferisch und originell, Richard Wilhelm ist kein Dichter, wohl aber ruht diese Sprache auf einem tiefen, soliden Kulturgrund und bewegt sich innerhalb ihrer Skala mit entzückender Freiheit.

Bis heute ist Wesen und Sinn der chinesischen Lyrik dem Westen noch ebenso fremd wie Wesen und Sinn der chinesischen Malerei. Der Reichtum an Nuancen bei beschränktester Palette, die Virtuosität der Handschrift, der heilige Ehrgeiz, das Höchste mit dem Minimum an äußeren Mitteln zum Ausdruck zu bringen, das unendlich zarte Spiel der Andeutungen, Anklänge, Beziehungen, überhaupt diese fabelhafte Kunst des Andeutens, des Erratenlassens, des Sparens und Zurückhaltens, das alles ist dem heutigen Europäer fremd; zum Genuß dieser Künste muß man erst Ohren, Augen und Fingerspitzen üben und sich an feinste

Nuancen gewöhnen. Dieser wunderbaren, reinen, zartfarbigen Welt kommen wir mit Hilfe dieser neuen Übertragungen um einen Schritt näher.

(Aus: »National-Zeitung«, Basel, 2. 5. 1922)

Altchinesische Liebeskomödien

[Aus dem Urtext ausgewählt und übertragen von Hans Rudelsberger. Kunstverlag Anton Schroll u. Co., Wien]

Dieses Buch, ein schöner Quartband in üppiger Ausstattung mit fünf farbigen und vielen schwarz-weißen Bildertafeln, bringt den Freunden ostasiatischer Dichtung und Kunst etwas wirklich Neues, denn sämtliche fünf Komödien, die das Buch enthält, sind bisher noch in keine einzige europäische Sprache übersetzt worden. Überhaupt ist ja die dramatische Literatur der Chinesen uns noch wenig vertraut, während seit etwa fünfzehn Jahren die klassischen Philosophen sowie die volkstümliche Erzählungskunst der Spätzeit bei uns durch zahlreiche Übersetzungen eingeführt und schon nahezu populär geworden sind.

Die Dramen, die Rudelsberger hier mitteilt, stammen aus dem 14. Jahrhundert und gehören alle dem bürgerlich-vulgären Stoffkreise an. Es sind dramatisierte Liebesgeschichten, zum Teil aus der Welt der Hetären, voll von glänzenden Situationen, guter Laune und gelegentlich auch Satire. Eine hoch ausgebildete dramatische Technik macht diese frischen, oft entzückenden Szenen zu Kleinoden einer nicht tiefen, aber reizvollen und brillanten Kleinkunst, zugleich zu einem interessanten Spiegel chinesischen Volkslebens in den Zeiten der Yüan-Dynastie. Wer jemals, wie es mir einst auf einer asiatischen Reise gegönnt war, chinesische Theateraufführungen gesehen hat, mit ihrer strengen Rhythmik hinter der primitiven Aufmachung, der ahnt, wie ent-

zückend, wie lebendig und dabei edel stilisiert solche Stük-
ke einst in den guten Zeiten auf der Bühne gewirkt haben
müssen.   *(Aus: »Neue Zürcher Zeitung«, 17. 2. 1924)*

Chinesische Novellen

[Aus dem Urtext übertragen von Hans Rudelsberger.
Mit Illustrationen nach chinesischen Vorlagen.
Kunstverlag Anton Schroll u. Co. in Wien]

Die chinesische Erzählungsliteratur ist bei uns, ebenso wie
die chinesische dramatische Dichtung, noch recht wenig
bekannt. Um beide hat sich Rudelsberger Verdienste erworben. Nachdem er vor kurzem, im selben Verlag, die *Altchinesischen Liebeskomödien* deutsch herausgegeben hat,
bringt er nun diesen schönen stattlichen Band mit einer
Auswahl von Novellen aus der älteren volkstümlichen Erzählungsliteratur Chinas.

Mag die chinesische Erzählkunst vielleicht nirgends das
Raffinement der klassischen europäischen Erzähler im Aufbau einer Novelle erreichen (wie wir es schon bei Boccac-
cio und besonders entwickelt bei Cervantes finden), sie
hat dafür etwas, was bei uns außerordentlich selten ist, ja
in voller Reinheit nur in einigen der Grimmschen Märchen
und in ganz wenigen kleinen Dichtungen der deutschen
Romantiker sich findet: eine magische Atmosphäre, in welcher ungesucht und zauberhaft das Alltägliche, ja Banale in
die beziehungsreichste und bedeutendste Sphäre gehoben
wird. Mir sind in der ganzen Weltliteratur, die allerschön-
sten Volksmärchen ausgenommen, keine Prosadichtungen
bekannt, in welchen alles Gegenständliche diese Verwand-
lungsfähigkeit und magische Tönung hätte wie in den unzähligen chinesischen Geister- und Dämonengeschichten
[...]

Allen Freunden des Ostens (welche keineswegs identisch sind mit den Mitschreiern bei den vorübergehenden Asien-Moden), sei dies Buch empfohlen.

(Aus »National-Zeitung«, Basel, 2. 12. 1924)

Die Chinesen, die ja ein erstaunlich kluges Volk sind, hatten Jahrtausende lang eine feierliche Gewohnheit, daß jedes öffentliche Ereignis, z. B. Regierungsänderungen, Revolutionen, Siege, Hungersnöte etc. offiziell immer um 25 Jahre zurück datiert wurden. Denn, so sagten sich die Chinesen, die Revolution oder der Bankrott findet zwar in der Tat heute statt, um ihn aber zu verstehen, seine Wurzeln zu erkennen und möglicherweise künftig klüger zu werden, muß man um 25 Jahre zurückschauen, denn nach jahrtausendealter Erfahrung sind in einer solchen Angelegenheit 25 Jahre grad so etwa die übliche Zeit, die es braucht, bis gute oder böse Ursachen, Sitten etc. äußerlich ihre Resultate zeigen.

(Aus einem Brief vom 27. 3. 1925 an Ludwig Finckh)

I Ging

Es gibt Bücher, die man nicht lesen kann, Bücher des Heiligen und der Weisheit, in deren Begleitung und Atmosphäre man Jahre lang leben kann, ohne sie je so zu lesen wie man andre Bücher liest. Teile der *Bibel* gehören zu diesen Büchern, und das *Tao Te King*. Aus diesen Büchern genügt ein Satz, um sich für lange zu füllen, für lange zu beschäftigen, für lange zu durchdringen. Diese Bücher hat man leicht erreichbar liegen, oder trägt sie in der Tasche mit, wenn man in den Wald geht, und liest niemals halbe oder ganze Stunden lang darin, sondern nimmt nur jedesmal einen Spruch, eine Zeile heraus, um darüber zu meditieren, um neben all dem Kram des Tages, auch dem der übrigen Lektüre, immer wieder den Maßstab des Großen und Heiligen aufzurichten.

Daß nun zu diesen paar Büchern für mich ein neues gekommen ist, betrachte ich als ein Glück. Es ist selbstverständlich, gleich den wenigen andern, ein Buch von hohem Alter, es ist Jahrtausende alt, aber den Versuch einer deutschen Übersetzung gab es bisher nicht. Es heißt »I Ging«, das Buch der Wandlungen, und ist ein uraltes Weisheits- und Zauberbuch der Chinesen. Man kann es als Orakelbuch benutzen, um in schwierigen Lebenslagen Rat zu bekommen. Man kann es auch »nur« der Weisheit wegen lieben und benutzen. Es ist in diesem Buch, das ich niemals mehr als ahnungsweise und für Augenblicke werde verstehen können, ein System von Gleichnissen für die ganze Welt aufgebaut, welchem acht Eigenschaften oder Bilder zugrunde liegen, deren zwei erste der Himmel und die Erde, der Vater und die Mutter, das Starke und das Hingebende sind. Diese acht Eigenschaften sind je durch ein einfaches Zeichen ausgedrückt, sie treten in Kombinationen zueinander und ergeben dann 64 Möglichkeiten, auf diesen beruht das Orakel. Du fragst das Orakel, und bekommst etwa den Spruch: »Innere Wahrheit: Schweine und Fische. Heil! Fördernd ist es, das große Wasser zu durchqueren. Fördernd ist Beharrlichkeit«. Darüber kannst du nun meditieren, außerdem sind Kommentare vorhanden.

Dieses Buch der Wandlungen liegt seit einem halben Jahr in meinem Schlafzimmer, und nie habe ich auf einmal mehr als eine Seite gelesen. Wenn man eine der Zeichen-Kombinationen anblickt, sich in Kian, das Schöpferische, in Sun, das Sanfte, vertieft, so ist das kein Lesen, und ist auch kein Denken, sondern es ist wie das Blicken in fließendes Wasser oder in ziehende Wolken. Dort steht alles geschrieben, was gedacht und was gelebt werden kann.

(Aus: »Erinnerung an Lektüre«, »Die Neue Rundschau«, Berlin, September 1925)

Eine der gelungensten deutschen Übersetzungen eines chinesischen Meisterwerks, *Lao Tse's »Tao Te King«* in der Verdeutschung von Viktor von Strauß, ist nach langer Pause wieder zugänglich geworden, der neue Leipziger Verlag »Asia Major« hat einen guten Neudruck davon gebracht. Außer dieser Übersetzung kommt wohl nur noch die von Richard Wilhelm ernstlich in Betracht. Es ist heute nicht nötig, für Lao Tse Leser zu werben, zwanzig wirklich ernste Schüler dieses Weisen wären mir lieber als die Zehntausende, die heute im Tao Te King blättern. Dem allgemeinen Mißverständnis gegenüber, an dem auch die Bemerkung über Lao Tse in Spenglers Buch [»Der Untergang des Abendlandes«] teilhat, sei daran gemahnt, daß Lao Tse, wenn man ihn lediglich als »paradoxen« Denker nimmt, nichts als eine Interessantheit ist, und daß sein Umfang und Wert erst einleuchtet, wenn man sein Denken nicht als »paradox«, sondern als wahrhaft bipolar erkennt.

(Aus: »Die Neue Rundschau«, Berlin, Dezember 1925)

Sie sind mir seit Langem lieb und wichtig. Ich verdanke Ihnen so ziemlich alles, was ich an Beziehungen zum Chinesischen habe, das mir, nach einer vieljährigen mehr indischen Orientierung sehr wichtig wurde. Für manche Ihrer Aufsätze, vor allem aber für den Lao Tse, Ihren Dschuang Dsi etc. etc. bin ich Ihnen seit Langem vielen Dank schuldig, den ich nun auch einmal aussprechen möchte. Daß wir in meinem Vetter Gundert[1] in Mito auch einen gemeinsamen Freund haben, darüber habe ich mich schon oft gefreut.

Von Ihrer heutigen Tätigkeit weiß ich nicht sehr viel, ich lebe ganz als Outsider und habe der aktuellen geistigen Welt (wie sie etwa von Keyserling[2] etc. repräsentiert wird) den Rücken gekehrt. Dagegen finde ich bei China-Freunden wie Reinhart[3] wieder gemeinsame Beziehungen zu Ihnen. Die Zürcher Psychoanalytiker stehn mir ferner, sie scheinen mir mit Ausnahme von Jung[4] alle liebenswerte, aber flache wohlangepaßte Erfolgsmenschen zu sein, durchdrungen von der Aufgabe, das Leben im bürgerlichen Sinne zu bejahen und sich um seine Tragik zu drücken. So habe ich auch diese Beziehungen einschlafen lassen.

Ihre chinesische Welt zieht mich mit ihrer magischen Seite an, während ihre prachtvolle moralische Ordnung mir, dem Unsozialen, bei aller Bewunderung fremd bleibt. Leider ist mir dadurch auch das I Ging nur teilweise zugänglich, ich betrachte zuweilen seine tiefe satte Bilderwelt, ohne zur Ethik der Kommentare eine eigene Beziehung zu haben. Auf dem dürren Ast, auf dem ich sitze, blüht die Blume der staatlichen, familiären und gesellschaftlichen Beziehungswelt leider nicht.

Desto dankbarer bin ich für die stillen geistigen Liebesbeziehungen, die mir das Leben trotzdem gebracht hat, und zu ihnen gehört das China, das ich durch Sie kennenlernte und damit die Dankbarkeit gegen Sie und Ihr Werk. Sie einmal aussprechen zu dürfen, ist mir eine Freude.

(Aus einem Brief vom 4. 6. 1926 an Richard Wilhelm)

1 Wilhelm Gundert (1880-1971), Missionar und Japanforscher, der in den fünfziger Jahren die »Bibel des Zen-Buddhismus«, das *Bi Yän Lu* von Yüen-Wu, erstmals ins Deutsche übersetzte.
2 Hermann Graf von Keyserling (1880-1946), Kulturphilosoph und Publizist, der 1920 in Darmstadt eine »Schule der Weisheit« gründete.
3 Georg Reinhart (1877-1955), Schweizer Kaufmann und Mäzen u. a. von Hesse und Richard Wilhelm. Siehe »Der schwarze König«, S. 100.
4 C. G. Jung (1875-1961), Schweizer Psychoanalytiker.

»Eisherz und Edeljaspis oder
Die Geschichte einer glücklichen Gattenwahl«

[Ein Roman aus der Ming-Zeit. Aus dem Chinesischen
von Franz Kuhn. Insel-Verlag, Leipzig]

»Die Ehe ist die vornehmste aller menschlichen Beziehungen, der Ausgang aller Gesittung. Sie muß korrekt vom ersten Anbeginn bis zum Abschluß sein und duldet kein Abweichen von der Form.«

So spricht in diesem entzückenden chinesischen Volksroman die kluge schöne Dame Eisherz. Und ihre Geschichte ist denn auch die Erzählung vom Zustandekommen einer Ehe, die trotz abenteuerlichster Umstände und wunderbarer Fügungen die Gebote der heiligen Sitte treulich erfüllt. Es gibt für uns Kinder einer sittenlosen und zerrütteten Zeit nichts Wunderlicheres und Nachdenklicheres zu lesen als eine solche Schilderung aus einer Zeit höchster Gesittung. Uns abendländischen Lesern ist nicht das Abenteuerliche und Romantische in diesem Roman die Hauptsache, sondern gerade das Gerüst von Sitte und Ritus, von Ahnenkult und Autorität. Mit graziöser Sauberkeit ist das chinesische Familien- und Liebesleben der älteren Zeit in diesem liebenswerten Buch gezeichnet.

(Aus: »Frankfurter Zeitung«, 28. 11. 1926)

Richard Wilhelms China-Werke

Durch meinen Vater auf ihn hingewiesen, hatte ich den Lao-Tse kennengelernt, zuerst in der Übersetzung von Grill. Und nun begann eine chinesische Bücherreihe zu erscheinen, die ich für eins der wichtigsten Ereignisse im jetzigen deutschen Geistesleben halte: Richard Wilhelms Übersetzungen der chinesischen Klassiker. Eine der edelsten und höchstentwickelten Blüten menschlicher Kultur, bisher für deutsche Leser nur als ungekanntes belächeltes Kuriosum vorhanden, wurde uns zu eigen gegeben, nicht auf dem üblichen Umwege über Lateinisch und Englisch, nicht aus dritter und vierter Hand, sondern unmittelbar, übersetzt von einem Deutschen, der sein halbes Leben in China gelebt und im geistigen China unglaublich zu Hause war, der nicht nur Chinesisch, sondern auch Deutsch konnte, und der die Bedeutung der chinesischen Geistigkeit für das heutige Europa an sich erlebt hatte. Die Bücherreihe begann, bei Diederichs in Jena, mit den »Gesprächen des Konfuzius«, und ich werde nicht vergessen, wie erstaunt und märchenhaft entzückt ich dieses Buch in mich aufnahm, wie fremd und zugleich wie richtig, wie vorgeahnt, wie erwünscht und herrlich mir dies alles entgegenklang. Seither ist diese Bücherreihe stattlich geworden, dem Konfuzius sind der Lao-Tse, der Dschuang Dsi, der Mong Dsi, der Lü Bu We, die chinesischen Volksmärchen gefolgt. Gleichzeitig haben mehrere Übersetzer sich neu um die chinesische Lyrik bemüht und, mit größerem Gelingen, auch um die volkstümliche Erzählungsliteratur Chinas, da haben Martin Buber, H. Rudelsberger, Paul Kühnel, Leo Greiner und andre Schönes geleistet und Richard Wilhelms Werk angenehm ergänzt.

An diesen Chinesenbüchern nun habe ich seit Jahrzehnten meine immer zunehmende Freude, eines von ihnen liegt meistens neben meinem Bett. Was jenen Indern gefehlt hatte: die Lebensnähe, die Harmonie einer edlen, zu den höchsten sittlichen Forderungen entschlossenen Geistigkeit mit dem Spiel und Reiz des sinnlichen und alltäglichen Lebens – das weite Hin und Her zwischen hoher Vergeistigung und naivem Lebensbehagen, das alles war hier in Fülle vorhanden. Wenn Indien in der Askese und im mönchischen Weltentsagen Hohes und Rührendes erreicht hatte, so hatte das alte China nicht minder Wunderbares erreicht in der Zucht einer Geistigkeit, für welche Natur und Geist, Religion und Alltag nicht feindliche, sondern freundliche Gegensätze bedeuten und beide zu ihrem Recht kommen. War die indisch-asketische Weisheit jugendlich-puritanisch in ihrer Radikalität des Forderns, so war die Weisheit Chinas die eines erfahrenen, klug gewordenen, des Humors nicht unkundigen Mannes, den die Erfahrung nicht enttäuscht, den die Klugheit nicht frivol gemacht hat.

Die besten Geister des deutschen Sprach-Kreises haben während der beiden letzten Jahrzehnte sich von diesem wohltätigen Strom berühren lassen, neben mancher heftig lauten und rasch wieder erloschenen Geistesbewegung ist Richard Wilhelms China-Werk in aller Stille stetig an Wichtigkeit und Einfluß gewachsen.

(Aus: »Eine Bibliothek der Weltliteratur«, 1928)

Daß Sie nun statt des Lü Bu We den Dschuang Dsi erwischt haben, ist natürlich das Gegenteil von einem Unglück. Der Dschuang Dsi ist eins der herrlichsten Bücher Chinas und kommt in meiner Schätzung gleich nach den großen Schöpfern und Weisen, dem Kung und dem Laotse. Es gibt in Europa (von Amerika nicht zu reden) manche Nation, die in ihrer ganzen Geschichte nie ein Werk vom Rang des Dschuang Dsi hervorgebracht hat. Aber eigentlich ist das sehr dumm gesagt: »Nationen« gibt es ja erst neuerdings, das ist eine moderne Mode, und während des ganzen Mittelalters konnte irgend ein mönchischer Dichter oder Weiser auf Latein die herrlichsten Sachen schreiben und in ganz Europa wußte niemand, ob er Spanier, Germane, Byzantiner, Italiener oder Pole sei. Also ich gratuliere zum Dschuang, Sie werden ihn in kleinen Rationen zu sich nehmen und fürs Leben um einen Freund und eine hohe Quelle reicher sein.

(Aus einem Brief vom Juli 1929 an Heinrich Wiegand)

Lü Bu We war keiner der großen chinesischen Denker, er steht bei den chinesischen Literaten in mäßigem Ruf, er war Minister und politischer Intrigant, vor bald zweitausend Jahren, und er hat sein großes Werk »*Frühling und Herbst*« nicht selber geschrieben, sondern hat es von Gelehrten, deren Mäzen er war, schreiben lassen. Uns braucht das nicht zu stören, und wir sind sehr dankbar dafür, daß Richard Wilhelm dies Werk ins Deutsche übersetzt hat (bei Diederichs in Jena). Die ganze Weisheit des klassischen China, deren echte Quellen zum großen Teil bei den Bücherverbrennungen verlorengingen, hat in diesem Sammelwerk Platz gefunden, und dazu eine Menge von Schilderungen und Anekdoten, und die Lektüre ist ein großer Genuß. Ich verbringe gute Stunden mit diesem weisen und liebenswerten Buch. Daß seine Weisheit zur Zeit der Welt verlorengegangen ist und nur noch in Büchern steht, stört mich ebensowenig, als daß diese Weisheit mit den sehr unweisen, aber desto fanatischeren Lebenslehren unsrer Zeit (seien sie amerikanisch-bürgerlich oder russisch-bolschewikisch) in so völligem Widerspruch steht. Die Zeit vergeht, und die Weisheit bleibt. Sie wechselt ihre Formen und Riten, aber sie beruht zu allen Zeiten auf demselben Fundament: auf der Einordnung des Menschen in die Natur, in den kosmischen Rhythmus. Mögen unruhige Zeiten immer wieder die Emanzipierung des Menschen von diesen Ordnungen anstreben, stets führt diese Scheinbefreiung zur Sklaverei, wie ja auch der heutige, sehr emanzipierte Mensch ein willenloser Sklave des Geldes und der Maschine ist. Wie einer vom farbig bestrahlten Asphalt der Großstadt zum Walde zurückkehrt, oder von der flotten aufpeitschenden Musik der großen Säle zur Musik des Meeres, mit dem Gefühl von Dankbarkeit und Heimkehr, so kehre ich von allen kurzfristigen und spannenden Abenteuern des Lebens und des Geistes immer wieder zu diesen alten, unerschöpflichen Weisheiten zurück. Sie sind bei jeder Rückkehr nicht älter geworden, sie stehen ruhig und warten auf uns, und sie sind immer wieder neu und strahlend, wie es an jedem Tag die Sonne ist, während der Krieg von gestern, der Modetanz von gestern, das Auto von gestern heute schon so alt und verwelkt und komisch geworden sind.

(Aus: »Notizen über Bücher«, »Die Neue Rundschau«,
Berlin, September 1929)

Richard Wilhelms letztes Werk

Im letzten Brief, den Richard Wilhelm vor seinem Tode an mich schrieb, erzählte er mir, daß er seine Krankheit dazu benütze, ungestört an der Übersetzung eines der großen klassischen Chinesen-Werke zu arbeiten, das in Europa noch unbekannt sei. Dieses Werk ist jetzt in Jena bei Diederichs erschienen: »*Li Gi, das Buch der Sitte*«. Man kann sagen, daß dieses Werk (es ist übrigens eine von Wilhelm redigierte Kombination von zwei geschwisterlichen Werken) etwa den Kodex der chinesischen Staatsweisheit und Sittenlehre enthält aus der Zeit, in der das konfuzianische System sich bereits dem Geist des Taoismus geöffnet hatte. Es gehört zu den fünf großen Weisheitsbüchern Chinas. Mit diesem großen, wichtigen Werk schließt nun also die Reihe von Büchern, in denen Richard Wilhelm uns die Weisheit Chinas übermittelt hat. Langsam wächst der Kreis derer, welche gemerkt haben, daß Wilhelms Lebenswerk zu den paar großen unsrer Zeit gehört. Er war eine Weile in Kreisen Mode, in denen man sich snobistisch für China interessierte; er wurde eine Weile von Darmstadt[1] aus als dekorative Figur benützt, er wurde gleichzeitig von mehreren Kollegen, von Sinologen nämlich, denen ein so persönliches und tiefes Eindringen in Chinas Kultur nicht vergönnt gewesen war, auf das wildeste und ungehörigste als Dilettant befehdet (er, der Mandarin, der chinesischste Europäer unsrer Zeit) – und er stand inmitten all dieser dauernden Mißverständnisse lächelnd, freundlich, chinesischweise, und tat in Ruhe sein großes Werk, dessen Umfang und Bedeutung von der öffentlichen Meinung Deutschlands noch gar nicht begriffen worden ist. Er hat Zeit, er hat nicht bloß für eine Generation gearbeitet. Als letztes Werk seiner China-Übersetzungen soll das »Li Gi« uns besonders teuer sein.

(Aus: »Der Bücherwurm«, Dachau und Berlin, November 1930)

Ein [...] Monumentalwerk, zugleich das Lebenswerk eines der besten deutschen Geister unserer Zeit, hat kürzlich seinen Abschluß gefunden. Es ist die Bücherreihe »*Hauptwerke der chinesischen Philosophie, aus den Originalurkunden übersetzt und eingeleitet von Richard Wilhelm*« (Verlag Eugen Diederichs, Jena). Ich halte diese wahrhaft schöpferische Eroberung der ältesten Weisheit des Ostens für die deutsche Sprache für eine der größten deutschen Leistungen unserer heutigen Literatur, obwohl der kürzlich verstorbene Richard Wilhelm[2] von mehreren Fachkollegen kritisiert und zum Teil abgelehnt wurde. Aber keiner dieser Kollegen hat so viele fleißig-fruchtbare Jahre in China

1 Der dortigen Weisheitsschule des Grafen Hermann von Keyserling.
2 Richard Wilhelm war am 1. 3. 1930 in Tübingen gestorben.

selbst gelebt, keiner von ihnen ist persönlich so eng mit dem heutigen gelehrten China befreundet gewesen und von ihm als Mandarin aufgenommen worden, und kein ande rer hat außer der Gelehrsamkeit noch die Tatkraft, den Mut und die Genialität gehabt, diese erstaunlichen Denkmäler ältester Weisheit für ein heutiges Deutschland in eine uns allen verständliche, uns alle treffende, uns alle erfreuende Sprache zu übertragen. Die Weisheit dieser alten Chinesen ist, wie jede Weisheit, zum Teil Tugendlehre; dies ist der konfuzianische Teil der chinesischen Philosophie. Zum Teil aber ist sie auch Mystik, Ergebnis einsamer Meditation und Vorstoß in die glühendsten Regionen seelischen Lebens – dies ist der taoistische Teil. Gemeinsam ist beiden der Geist der Ehrfurcht und Lauterkeit, der Verzicht auf jedes Schöntun und jede Sophistik, und eine gewisse über allem schwebende Heiterkeit, eine gewisse Diesseitigkeit oder Weltfrömmigkeit, außerdem ist diese Weisheit bildhaft und nicht abstrakt, und wird oft zu märchenhafter Gleichnis-Dichtung wie etwa bei Dschuang Dsi. Mir ist im Laufe von bald zwanzig Jahren diese chinesische Weisheit in Richard Wilhelms Verdeutschung eine befreundete Welt geworden, die ich oft aufsuche, wie man Musik aufsucht. Wem diese ganze östliche Welt noch fremd ist, der beginne mit den Gesprächen des Konfuzius oder den Gleichnissen des Dschuang Dsi.

(Aus: »Bücher der Kultur I«, »Münchner Zeitung«,
21. 11. 1930)

»Der Traum der roten Kammer«

Es ist schon der zweite große chinesische Roman, den Franz Kuhn übersetzt hat,[1] und es ist nicht nur die erste deutsche, sondern überhaupt die erste europäische Übertragung des nahezu ungekürzten Romans (auch nach einigen Kürzungen umfaßt er noch beinahe 800 Seiten, welche der Inselverlag auf dünnstem Papier musterhaft untergebracht und handlich gemacht hat).

Es ist ein großes Vergnügen, diesen großen Roman zu lesen, und es ist außerdem außerordentlich belehrend. Zwar ist er nicht ein klassisches Kunstwerk, seine Technik kommt ohne Schablone nicht aus, auch zeigt er uns nicht etwa das geistige China, das Erbe der klassischen Weisheit, in neuer und lebendiger Beleuchtung, sondern er handelt von einem späten, mit Erbe überlasteten, schon vom Westen beeinflußten China. Er spielt etwa um 1700, in den ersten Zeiten der letzten chinesischen Dynastie, und schildert ein anmutig verkommenes, moralisch und geistig träges, aber an alter Kultur reiches China. Vom Buddhismus ist wenig mehr übrig als ein paar volkstümliche Redensarten und Flüche, vom Taoismus wenig mehr als Aberglaube, Priester und Mönche treten beinahe nur als komische und meist verächtliche Figuren auf. Nur oberflächlich ist der große

---

1 Der erste war Franz Kuhns Übersetzung von *Eisherz und Edeljaspis oder Die Geschichte einer glücklichen Gattenwahl*. Darüber schrieb Hesse im Juli 1935 in »Die neue Rundschau«: »Der unbekannte Verfasser des klassischen Buches (siebzehntes Jahrhundert) erzählt in dieser ›Geschichte einer glücklichen Gattenwahl‹ einen Konflikt zwischen Konvention und Gewissen, zwischen Buchstabe und Geist; uns an Anarchie Gewöhnten freilich erscheinen auch noch die hier gewagten Neuerungen und Freiheiten als Gesetz und Gehorsam; wir blicken in die Welt dieser Erzählung wie in eine Welt idealer Ordnung. Die schöne kluge Dame Eisherz sagt: ›Die Ehe ist die vornehmste aller menschlichen Beziehungen, der Ausgang aller Gesittung. Sie muß korrekt vom ersten Anbeginn bis zum Abschluß sein und duldet kein Abweichen von der Form.‹«. Siehe auch S. 183.

Mythos gewahrt: die Geschicke der Sterblichen erscheinen gelenkt, vorbedacht und begönnert von Ahnen, von Geistern hohen Ranges, welche bei Bedarf Menschengestalt annehmen und auf Erden erscheinen, um Schicksale in Ordnung zu bringen, Verdienste zu belohnen, Tugend zu schützen, Unrecht zu rächen. Aber dieser Apparat, obwohl er der Erzählung einen großen Reiz gibt, ist doch bloß Apparat, mehr Aberglaube als Glaube, er wird übrigens mit lobenswerter Sparsamkeit verwendet.

Ist also in diesem Riesenroman mit seinen vielen Dutzend Personen vom geistigen China nur noch ein blasser Schimmer vorhanden, so ist er desto vollkommener als Sittenschilderung. Dabei fällt uns westlichen Lesern auf, wie sehr er das Gesicht des 18. Jahrhunderts zeigt, mit seiner vom Hofe her geregelten Gesellschaft und Moral, seinem Luxus, seiner tändelnden Empfindsamkeit, seiner kultivierten Formenfreude und seiner durch Etikette und Geschmack gebändigten Herzensroheit.

Der Übersetzer hat sich ein Verdienst erworben durch diese gewaltige Arbeit. Seine Übertragung liest sich schön, ihre Sprache ist nicht dichterisch, aber sie ist einheitlich und fließend, über Kleinigkeiten mag man streiten, im ganzen ist es ein hoher Genuß sie zu lesen.

(Aus: »Neue Zürcher Zeitung«, 14. 12. 1932)

Es hat mir besondere Freude gemacht, daß Sie den Weg zu den indischen und chinesischen Quellen gefunden haben. Nichts ist seltener als daß ein heutiger Deutscher diese Strahlen zu empfangen fähig ist. Dabei hat die ganze Epoche größte Sehnsucht danach, und was die Leser, ohne es zu wissen, am »Glasperlenspiel« lieben, ist das Fensterchen, das ihnen in diesem Buch nach Osten geöffnet wird.

(Aus einem Brief, 1955, an Hans Bayer)

Ein Mittler zwischen China und Europa

[Zur Biographie Richard Wilhelms von Salome Wilhelm,
Eugen Diederichs Verlag, Düsseldorf 1956]

Die Biographie Richard Wilhelms ist ein Buch, das keiner sich entgehen lassen sollte, der irgend Beziehungen zur Geisteswelt des fernen Ostens hat. Darüber hinaus ist es die Lebensbeschreibung eines ganz ungewöhnlichen Zeitgenossen, eines genialen Mannes von merkwürdiger Begabung und Begnadung, von dessen Person, Leben und Werk Wirkungen ausgegangen sind, die in ihrer vollen Kraft und Vielfältigkeit erst eine kommende Generation wird erkennen können. Allgemein bekannt ist Richard Wilhelm (1873 bis 1930) durch die Reihe seiner Übersetzungen und Erklärungen klassischer chinesischer Werke, von denen er einige wie »*Lü Bu We*«, das »*I Ging*« und andre als erster verdeutscht hat. Auch in meinem Leben und Denken haben diese Wilhelmschen Übertragungen und Deutungen eine wichtige Rolle gespielt, und wie mir, so hat er vielen von meiner und der folgenden Generation ein Tor aufgetan und eine Botschaft übermittelt, die in unsrem Leben Epoche gemacht hat.

Das Buch beginnt mit einem Nachruf, einem kongenial gezeichneten Charakterbild des großen Deutsch-Chinesen aus der Feder eines andern Meisters. Walter F. Otto, der dem andern in jahrzehntelanger Freundschaft verbunden war, hat es geschrieben, es ist der schönste mir bekannte Freundesnachruf für einen bedeutenden Mann unsrer Zeit. Wer diesen Nachruf liest, und dazu das Bildnis Wilhelms betrachtet, das dem Buch mitgegeben wurde, hat eigentlich schon den Mann kennengelernt, alles Wesentliche ist da. Das Bildnis zeigt ein überaus liebes Gesicht, dessen Augen ebenso lächeln wie der Mund, ein sehr freundliches, konzentriertes, leise strahlendes Gesicht, und erst wenn man es eine Weile beobachtet hat, wird einem bewußt, daß dies freundliche Lächeln viel Asiatisches hat, daß es nicht nur das Wohlwollen und die Lebensfreude eines gesunden, wohltemperierten, wohlgeordneten Mannes ausdrückt, sondern auch in allen Nuancen zwischen Schelmerei und Spott spielt wie die Geschichten, Legenden und Anekdoten um die großen Weisen des alten China.

Was ich aus diesem Bildnis lese, entspricht genau dem, was ich in Wilhelms Person und Leben immer geliebt und verehrt habe. Meine Freunde und die Leser meiner Bücher wissen, wie sehr mir erst Indien, dann China zu einer geistigen Heimat oder doch Zuflucht geworden ist. Und wenn ich irgendwo auf besonders kräftige Ablehnung, auf instinktiven Haß oder prinzipielles Nichtverstehenwollen stoße, so gilt diese Ablehnung beinahe immer dem Einschlag von alt-asiatischem Geist, den man in meinen Erzählungen findet. Nun, diese instinktive Furcht vor dem Fremden, Nichteuropäischen in der indischen und chinesischen Lebens- und Denkart ist nach meinem Glauben dasselbe wie jeder Rassenwahn und Rassenhaß. Etwas Bekanntes, historisch und psychologisch Begreifliches, aber etwas Rückständiges, nicht mehr Lebenbringendes, etwas, das überwunden werden muß. Unterstützt wird die Rückständigkeit nicht nur durch den Fortschritts- und Technik-Enthusiasmus des Abendlandes, sondern auch durch den Anspruch des kirchlich-dogmatischen Christentums auf Alleingültigkeit. Wenn ich nun das Bild eines Zukunfteuropäers zeichnen sollte, der diese Kluft überbrückt und die erwünschte und auf die Dauer notwendige Synthese zwischen asiatischem und abendländischem Wesen nicht nur in Gedanken, sondern auch in Tat und Leben vollzogen hat, so würde dies ideale Menschenbild genau dem Bilde Richard Wilhelms gleichen.

Er war ein Vorläufer und ein Vorbild, ein Mensch der Harmonie, der Synthese zwischen Ost und West, zwischen Sammlung und Aktivität. Er hat in China, hat im jahrzehntelangen intimen Umgang mit altchinesischer Weisheit und im persönlich-freundschaftlichen Austausch mit der Elite chinesischer Gelehrsamkeit weder sein Christentum noch sein schwäbisch-thüringisch geprägtes Deutschtum, hat weder Jesus noch Plato noch Goethe verloren und vergessen noch seine gesunde kraftvolle abendländische Lust am Wirken und Bilden; er ist keinem europäischen Problem davongelaufen, hat sich keinem Anruf des aktuellen Lebens entzogen, ist weder einem denkerischen noch einem ästhetischen Quietismus erlegen, sondern hat, Stufe um Stufe, die Befreundung und Verschmelzung der beiden großen alten Ideale in sich vollzogen, hat China und Europa, Yang und Yin, Denken und Tun, Wirksamkeit und Beschaulichkeit in sich zur Versöhnung gebracht. Daher der Tonfall seiner schönen, sanft belehrenden Sprache, etwa im »I Ging«, aus dem man Goethe und Kung Fu Tse zugleich heraushört, daher der Zauber, den er auf so viele Menschen hohen Ranges in West und Ost geübt hat, daher das so weise wie freundliche, so wache wie schelmische Lächeln seines Gesichtes.

Die Stufen und Stationen, die Taten und Leiden dieses ungewöhnlichen Lebens, den langen merkwürdigen Weg zu dieser Harmonie und Vollendung hat Frau Salome Wilhelm genau, schlicht und würdig aufgezeichnet. Sie war diesem Mann sichtlich schicksalhaft zubestimmt, Tochter des Christoph Blumhardt von Bad Boll, des vielleicht weltoffensten und kirchenfernsten Christen im damaligen Deutschland, zu dem der junge Theologe Wilhelm im Jahr 1897 als Vikar gekommen war. Sie ist ihrem Mann ein rührend treuer Kamerad und Helfer durch ein niemals bequemes, oft hart bedrängtes und von Stürmen gerütteltes Leben gewesen, hat an seiner Art von Tapferkeit und Duldsamkeit, von Tiefe und Heiterkeit teilgehabt. Diese Frau zur Seite zu haben, war in dem an Begünstigungen und Gnaden reichen Leben Wilhelms eine große Gnade mehr.

Sie hat uns sein Leben, mit zahlreichen Brief- und Tage-
buchstellen von seiner Hand, auf vorbildlich sachliche, un-
sentimentale Weise erzählt. Es soll hier nicht nacherzählt
werden.

Wie der Tübinger Theologiestudent zum wachen Zeitgenossen, zum Europäer, dann zum intimen Freund und Kenner Chinas wurde, was er in langen Chinajahren, besonders
denen von 1914 bis 1918, dort an Herrlichem und an Rau-
hem erfahren hat, wie er sich die Sprache, die Kenntnis der
alten Literatur, der Kunst, des Landes und schließlich die
Köpfe und Herzen der besten Intelligenz Chinas eroberte,
immer tätig, hilfreich, zugreifend, aber nie ungeduldig, groß
im Leidenkönnen und Wartenkönnen wie im entschlossenen Handeln, wie er in China für die guten Geister des Westens, in Deutschland und Europa für das edle Erbe Chinas
geworben hat, wie er schließlich in der Heimat durch ein
jahrelanges Übermaß an aufreibender Arbeit seine Kräfte
bis zum Letzten verbrauchte, ohne doch bis zum Sterben
je das innere Gleichgewicht, die Geduld, die Heiterkeit des
Wissenden zu verlieren, darüber lese man in dem großartigen Buch, das seine Frau ihm gewidmet hat.

(Aus: »Die Weltwoche«, Zürich, 27. 4. 1956)

Das Bi-Yaen-Lu

Das chinesische *Zen*, jene ganz auf Praxis, auf Seelendis-
ziplin gerichtete Form, die der aus Indien nach China ge-
langte Buddhismus dort angenommen hat, ist seinem Wesen nach, sehr im Gegensatz zum indischen, eigentlich der
Literatur, der Spekulation, der Dogmatik und Scholastik
durchaus abhold. Man könnte sagen, indischer und chinesischer Buddhismus verhalten sich zu einander wie Sanskrit

zu Chinesisch. Dort eine Sprache der indogermanischen Art, Werkzeug eines differenzierenden, gelehrten, abstrakten Denkens, auch einer blühenden Scholastik, hier im Osten aber eine bildkräftige, lockere, auf die meisten der uns geläufigen grammatischen Feinheiten und Knifflichkeiten verzichtende Sprache, eine weitherzige, keineswegs eindeutige, deren Worte eher Bilder oder Gebärden als Worte in unsrem Sinne sind. Nun, trotzdem hat auch das Zen eine Art von Literatur entwickelt, und in diesem Jahr 1960 hat es sich ereignet, daß eins ihrer ehrwürdigsten Bücher (vielmehr vorerst nur ein Drittel des Ganzen) in einer Verdeutschung erschienen ist, die ihren Verfasser, Wilhelm Gundert, mehr als ein Dutzend Jahre gekostet hat. Das Buch »Bi-Yaen-Lu, Meister Yüan-Wu's Niederschrift von der smaragdenen Felswand«, ist zu Anfang des 12. Jahrhunderts entstanden und ist eine Sammlung von hundert Anekdoten und Aussprüchen bedeutender Zen-Meister samt auf sie gedichteten Hymnen und über sie verfaßten Erläuterungen. Von den 100 »Beispielen« gibt Gunderts Übersetzung die ersten 33. Das Werk erschien im Verlag Hanser, München.

Dies höchst merkwürdige Werk ist etwas wie eine zen-buddhistische Summa, nicht aber im Sinn einer Dogmatik, sondern in dem eines geistlichen Übungsbuches. Anhand von Aussprüchen berühmter Lehrer und Patriarchen wird den Novizen und Mönchen vorgeführt, auf welche Art dieser oder jener ihrer Vorgänger das Ziel erreicht hat, nämlich die Erleuchtung, das Innewerden der Wirklichkeit, die nicht als etwas Statisches, sondern etwa wie das Zucken eines Funkens zwischen zwei Polen vorzustellen ist, dem Pol Samsara, der vollen bunten Erscheinungswelt, und dem Pol Nirvana, der absoluten Leerheit und Erlöstheit. In den meisten dieser Beispiele aus der Praxis der Meister stellt ein Schüler eine Frage, die der abendländische Leser nicht selten verstehen kann, während die Antwort des Lehrers uns vor lauter Rätsel stellt, übrigens des öftern nicht aus Worten, sondern aus einer Gebärde oder Handlung besteht, und gar nicht selten ist diese Handlung eine Ohrfeige oder ein Stockhieb. Diese Beispiele, um 1100 aus der Überlieferung mehrerer Jahrhunderte aufgezeichnet, sind noch heute, 800 Jahre später, ein klassisches Lehrmittel der Zen-Lehrer. Daß wir sie jetzt deutsch lesen können ist schon viel, denn jedes Beispiel enthält die Anregung zu staunender Versenkung. Daß wir sie, darüber hinaus, in ihrem Wesentlichen auch verstehen können, ist Gunderts Verdienst, der nicht nur das Wagnis der Verdeutschung unternommen, sondern die Texte auch mit wunderbarer Einfühlung und inniger Vertrautheit mit dem Geist Ostasiens erläutert hat. Auch so noch ist es kein Buch, das man schlechthin »lesen« könnte; man muß sich in seinem Dickicht Zoll um Zoll vortasten, oft wieder umkehren, und bei mancher Umkehr zeigt uns auf einmal der Text ein ganz andres Gesicht.

(Aus: »Über zwei Bücher«, »Schweizer Monatshefte«,
Zürich, April 1961)

Yüan-wus Niederschrift
von der smaragdenen Felswand
Ein Brief an den Übersetzer und Kommentator Wilhelm Gundert

Lieber Vetter Wilhelm,

Seit jenem schönen Ereignis der Verdeutschung des »I Ging« durch R. Wilhelm vor bald vierzig Jahren, hat keine Eroberung fernöstlicher Schätze durch den abendländischen Geist mich so tief berührt, so herzerfreuend alles Westöstliche in mir angerufen wie die große, mir vorerst nur im großen Umriß erfaßbare Leistung, an die du dei-

nen Lebensabend, wohl mehr als ein Jahrzehnt geduldig-
ster und heikelster Arbeit, hingegeben hast.[1]

Ich habe nicht nur an dir und deinem Leben und Denken, sondern gerade auch am langsamen Entstehen dieses
gewaltigen Werkes so vielfach und innig teilgenommen,
daß ich, obwohl ich weder Sinologe noch Religionsfor-
scher bin, mir vielleicht erlauben darf, dir auch öffentlich
für dies Geschenk höchsten Ranges zu danken, dessen Ge-
halte und vielfache Zauber auszuschöpfen mein Lebensrest
viel zu kurz ist. Es würde aber auch ein ganzes, unange-
brauchtes Leben dazu nicht hinreichen. Chinas und Japans
beste und frömmste Geister haben seit mehr als achthun-
dert Jahren aus dieser Quelle geschöpft, ohne sie auszuschöpfen, haben sich an diesem Weisheitsbuch wund und
wieder gesund studiert, an seinen Rätseln gekaut, seine Tiefen ahnend verehrt, seine Süßigkeit geschlürft und seinen
hintergründigen Humor mit wissendem Lächeln erwidert.
Daß je ein Europäer dieses vielschichtige und mit sieben
Siegeln verschlossene Wunderwerk lesen und verstehen,
es ohne völlige Einbuße an abendländisch-christlicher Erb-
masse geistig erfassen und durchdringen, es deuten, und
gar es (oder doch sein erstes Drittel) übersetzen könne,
war bis vor kurzem ganz unwahrscheinlich. Dazu bedurfte
es wiederum eines ganzen, einmaligen, aus vielen Herkünf-
ten vorbereiteten Menschenlebens, eben des deinen, denn
die zwölf oder dreizehn Jahre, die du schließlich dem Zustandekommen gewidmet hast, sind ja nur das letzte Kapitel in einem Leben, das sich, noch lang ehe du von Yüan-
wu, seinen großen Vorgängern und seiner gewaltigen Nach-
wirkung und Nachfolge wissen konntest, wie vorbestimmt
auf diese Aufgabe vorbereitet und gerüstet hat.

1 »Bi Yän Lu – Meister Yüan-wus Niederschrift von der smaragdenen Felswand«, verdeutscht und erläutert von Wilhelm Gundert; Carl Hanser Verlag,
München 1960.

In unserer Generation sind es wir beide, du und ich, die, wenn auch in sehr verschiedener Weise, etwas vom Wesen und Geist unsres Großvaters mitbekommen und dieses Erbe durch die eigene Lebensarbeit neu gestaltet und weiter überliefert haben. Die Tradition wird nicht aufhören, ich sehe sie schon von einem deiner Söhne und einer deiner Enkelinnen aufgenommen und fortgeführt.

Die Differenzierung und Sublimierung Gundertscher Gaben, Neigungen und Strebungen, verbunden natürlich auch mit Anfälligkeiten und Gefährdungen, begann bei unsrem Großvater, der aus der Umhegung seiner gediegenen schwäbisch-pietistischen Herkunft und Erziehung in verschiedenen Etappen den Weg in die Welt, in die übernationale und zeitlose Gemeinschaft der Geister fand. Zwar ist er, nach kurzen jugendlichen Rebellionsversuchen, im großen ganzen dennoch ein schwäbischer Pietist geblieben, doch mußte der Theologe statt in die Landeskirche in die Heidenmission, statt zu einer schwäbischen Pfarrerin zu einer welschen Frau gelangen, die nie wirklich Deutsch gelernt hat, und der zentralen Macht, die sein Leben regierte, der christlichen Frömmigkeit, halfen mancherlei andre Kräfte und Gaben dies reiche Leben erweitern, schmücken, mildern, vor allem: die innige Beziehung zur Musik und die noch innigere zu den Sprachen, die ihn zum Sanskritisten, Indologen, Übersetzer, Grammatiker und Lexikographen werden ließ. Er sprach nicht nur mit indischen Brahmanen Sanskrit, er erwarb sich auch eine innige, geradezu verliebte Vertrautheit mit der vielfarbigen Welt der indogermanischen Sprachen, und seine Liebe galt nicht nur den Skeletten der vielen Sprachen, die sich ihm erschlossen, nicht nur ihrer Grammatik und ihrem Vokabular, sondern auch ihrer Haut, ihrem sinnlichen Reiz, ihrem Spieltrieb, ihrer Musik. Davon haben wir beide etwas mitbekommen, du die philosophische, ich die poetische Freude an den Wundern und Zaubern der Sprache, des besten Schatzes der

Menschheit, in dem Natur und Geist, Gesetzmäßigkeit und Freiheit einander so vielfältig durchdringen.

Mit des Großvaters indischer Sendung begann denn jenes besondere Seelenklima, jene eigentümliche Gestimmtheit und Empfänglichkeit für den Osten, die sich bei den Enkeln in so verschiedener Weise als westöstlich zu erkennen gab. Daß der Enkel Wilhelm einmal das berühmteste geistliche Übungsbuch des aus Indien nach China gewanderten und dort zu Zen gewordenen Buddhismus verstehen, übersetzen und dem Abendland erschließen, daß der Enkel Hermann bei den Upanishaden, beim Buddhismus und bei chinesischer Lebensweisheit in die Schule gehen werde, dazu hat des Alten Vorgang und Vorbild den Grund gelegt. Er wäre mit beidem vermutlich nicht einverstanden gewesen, nicht mit dem Gebrauch, den du von deinem östlichen Wissen und deinen reifsten Lebensjahren gemacht hast, und noch weniger mit meiner indischen Dichtung. Aber dennoch hätte er beim Lesen des Titelblattes deines verdeutschten »Bi Yän Lu« hinter seinem schönen Greisenbart mit einem nicht eingestandenen Vergnügen und einer nicht eingestandenen Anerkennung gelächelt, und ähnlich gelächelt hätte er, glaube ich, zur Heimkehr meines »Siddhartha«, zu seinem Erscheinen in vielen Sprachen Indiens, darunter auch in Großvaters geliebtem Malayalam.

Offen bleibt vorerst die Frage, ob des Zen-Meisters Niederschrift aus dem Anfang des 12. Jahrhunderts von irgend jemand hier im Westen, und gar im deutschen Sprachbereich, verstanden werden wird. Es gibt natürlich eine kleine Zahl von Vorbereiteten und Sachverständigen; einige deiner Kollegen, Sinologen sowohl wie Religionswissenschaftler, werden ihm gerecht zu werden versuchen, und auch in diesem engen Kreise noch werden es nur ganz wenige sein, die nicht bloß *eine* Seite des Werkes (etwa die philologische, oder die religions- und kulturgeschichtliche, oder die pädagogische) erfassen, sondern dem überwältigenden

Eindruck des komplizierten Ganzen offenstehen. Man könnte dein Unternehmen, mit dem Rüstzeug eines langen Forscher- und Gelehrtenlebens, mit dem gewaltigen philologischen und philosophischen Apparat, mit der in japanischen Jahrzehnten erworbenen frommen Geduld ein so versponnenes, unsrem westlichen Geist so vollkommen fremdes, so eigensinniges und so wunderlich verschachteltes Riesenwerk zu übersetzen – man könnte dies Unternehmen auch als eine gewaltige Donquichotterie empfinden und bezeichnen, als eine ritterliche Narrheit also, wobei nicht zu vergessen wäre, daß der besessene Ritter eben doch die Welt und unsre Herzen erobert hat.

Nun, auf wie viel oder wie wenig Verständnis dein Werk stoßen wird, bleibt abzuwarten, und wir sind beide zu alt, um seine wahren Auswirkungen noch erleben zu können. Die Hindernisse, Irrwege, Dornhecken und tückischen Moore, durch die einer dringen muß, um das Werk ernstlich zu verstehen, liegen offen vor des Lesers Augen; es wird vielen, die das wunderbare Buch in die Hand nehmen, sich verschließen, und der Leser wird dastehen wie der chinesische Kaiser in der ersten Anekdote, der den Bodhidharma um den höchsten Sinn befragte und von dem es heißt: »Der Kaiser konnte sich nicht in ihn finden.«

Mir scheint, daß das Buch für erste Leseversuche so viel Abschreckendes hat und seinen süßen Kern in so eisenharten Schalen hält, gehört mit zu seinem Wesen und seinem hohen Wert. Es weigert sich dem Ungeduldigen, weigert sich dem nur Neugierigen, weigert sich vor allem dem Besserwisser. Der süße Kern aber sendet dem sich Hingebenden, dem Ehrfürchtigen, auch wenn er noch im äußersten Vorhof steht, durch alle harten Schalen hindurch seinen heiligen Duft entgegen und läßt ihn nicht mehr los. Denn das Ziel, an das der Meister den Novizen führen will und das bis heute aller Zen-Weisheit Sinn ist, das Geheimnis, das von den vielen Schichten und Fäden des Buches umkreist und umsponnen wird, ist jenes mit Worten nicht erfaßbare höchste Gut, das Ziel und Anliegen jeder Frömmigkeit. Worte, die daran zu rühren, daran zu mahnen suchen, sind etwa: Seligkeit, Friede, Erlösung, Übertritt aus der Zeit in die Ewigkeit, Nirwana.

Ich glaube durchaus an den Sinn und Wert deiner großen Arbeit. Damit das Mögliche entstehe, muß immer wieder das Unmögliche versucht werden.

Nochmals, lieber Vetter, Dank und tiefe Verneigung!

(1960)

Quellennachweis

Der Dichter: Erstdruck u. d. T. »Der Weg zur Kunst« in »Der Tag«, Berlin, vom 2. 4. 1913. Erstmals in Buchform in H. Hesse, *Die Märchen*. S. Fischer Verlag. Berlin 1919.

Nachtfahrt der Chinesen in Singapore: Erstmals in Buchform in H. Hesse, *Aus Indien*. S. Fischer Verlag. Berlin 1931.

Flötentraum: Erstdruck u. d. T. »Märchen« in »Licht und Schatten«, München, vom Dezember 1913. Erstmals in Buchform (u. d. T. »Märchen«) in H. Hesse, *Am Weg*. Reuß & Itta. Konstanz 1915.

An eine chinesische Sängerin: Erstmals in Buchform in H. Hesse, *Musik des Einsamen*. Eugen Salzer. Heilbronn 1915.

Der Europäer: Eine Fabel. Erstdruck unter dem Pseudonym Emil Sinclair in »Neue Zürcher Zeitung« vom 4. und 6. 8. 1918. Erstmals in Buchform (ebenfalls pseudonym) in *Alemannenbuch*. Seldwyla Verlag. Bern 1919.

Die Musik des Untergangs: Kapitel aus der Novelle »Klingsors letzter Sommer« im gleichnamigen Erzählband. S. Fischer Verlag. Berlin 1919.

König Yu: Erstdruck u. d. T. »Wie König Yu unterging« in »Kölnische Zeitung« vom 22. 10. 1929. Erstmals in Buchform in H. Hesse, *Traumfährte*. Fretz & Wasmuth. Zürich 1945.

Der ältere Bruder: Passage aus H. Hesse, *Das Glasperlenspiel*. Fretz & Wasmuth. Zürich 1943.

Chinesische Parabel: Manuskript aus den 1950er Jahren. Erstmals gedruckt in H. Hesse, *Legenden*. Suhrkamp Verlag. Frankfurt a. M. 1975.

Dsu Yung: Aus: »Allerlei Post«. Rundbrief an Freunde. Erstdruck in »Neue Zürcher Zeitung« vom 2. 2. 1952. Erstmals in Buchform in H. Hesse, *Beschwörungen*. Suhrkamp Verlag. Frankfurt a. M. 1955.

Der schwarze König: Ein Gedenkblatt für Georg Reinhart. Erstdruck in »Neue Zürcher Zeitung« vom 9. 9. 1955. Erstmals in Buchform in H. Hesse, *Gedenkblätter*. Suhrkamp Verlag. Frankfurt a. M. 1962.

Chinesische Legende: Erstdruck in »Neue Zürcher Zeitung« vom

17. 5. 1959. Erstmals in Buchform in H. Hesse, *Die Kunst des Müßiggangs*. Suhrkamp Verlag. Frankfurt a. M. 1973.

Josef Knecht an Carlo Ferromonte: Erstdruck in »Neue Zürcher Zeitung« vom 10. 2. 1960. Erstmals in Buchform in *Materialien zu Hermann Hesse »Das Glasperlenspiel«*. Hrsg. Volker Michels. Suhrkamp Verlag. Frakfurt am Main 1973.

Der erhobene Finger: Geschrieben im Januar 1961. Erstmals in Buchform in H. Hesse, *Die späten Gedichte*. Insel Verlag. Frankfurt am Main. 1963.

Junger Novize im Zen-Kloster: Geschrieben im Februar 1961. Erstmals in Buchform in H. Hesse. *Die späten Gedichte*. Insel Verlag. Frankfurt am Main. 1963.

Begegnung: Aus dem Reisebericht »Nachts im Suezkanal«. Erstmals in Buchform in H. Hesse, *Aus Indien*. S. Fischer Verlag. Berlin 1931.

Abend in Asien: Erstdruck in »Neues Wiener Tageblatt« vom 11. 7. 1912. Erstmals in Buchform in H. Hesse, *Aus Indien*. S. Fischer Verlag. Berlin 1931.

Spazierenfahren: Erstdruck in »Neues Wiener Tageblatt« vom 11. 7. 1912. Erstmals in Buchform in H. Hesse, *Aus Indien*. S. Fischer Verlag. Berlin 1931.

Chinesen: Erstdruck in »Die Zeit«, Wien, vom 31. 7. 1913. Erstmals in Buchform in H. Hesse, *Kleine Freuden. Kurze Prosa aus dem Nachlaß*. Hrsg. Volker Michels. Suhrkamp Verlag. Frankfurt a. M. 1977.

Erinnerung an Asien: Erstdruck in »März«, München, vom August 1914. Erstmals in Buchform in H. Hesse, *Kleine Freuden. Kurze Prosa aus dem Nachlaß*. Hrsg. Volker Michels. Suhrkamp Verlag. Frankfurt a. M. 1977.

Chinesische Betrachtung: Erstdruck in »Neue Zürcher Zeitung« vom 25. 12. 1921. Erstmals in Buchform in H. Hesse, *Betrachtungen*. S. Fischer Verlag. Berlin 1928.

Über mein Verhältnis zum geistigen Indien und China: Geschrieben 1922. Erstmals in Buchform in der erweiterten Ausgabe von H. Hesse, *Aus Indien*. Suhrkamp Verlag. Frankfurt a. M. 1988.

Vom chinesischen Geist: Revidierte Fassung des Aufsatzes »Chinesen« von 1913. Erstdruck in »Vossische Zeitung«, Berlin, vom

18. 7. 1926. Erstmals in Buchform in H. Hesse, *Kleine Freuden. Kurze Prosa aus dem Nachlaß*. Hrsg. Volker Michels. Suhr-kamp Verlag. Frankfurt a. M. 1977.

Blick nach dem fernen Osten: Erstdruck in »Universitas«, Tübin-gen, vom April 1960. Erstmals in Buchform in H. Hesse, *Mein Glaube*. Hrsg. Siegfried Unseld. Suhrkamp Verlag. Frankfurt a. M. 1971.

Die Quellennachweise des Kapitels »Erinnerung an Lektüre« fin-den sich jeweils am Ende des Texts.